创新型市场营销专业精品教材

连锁经营与管理

主编　陈佳佳　潘楚六　李敏毅
主审　胡婧婧

教·学
资　源

北京时代华文书局

图书在版编目（CIP）数据

连锁经营与管理 / 陈佳佳，潘楚六，李敏毅主编. 北京 ： 北京时代华文书局，2024. 9.

ISBN 978-7-5699-5664-1

Ⅰ. F717.6

中国国家版本馆 CIP 数据核字第 20248810X0 号

Liansuo Jingying yu Guanli

出 版 人：陈　涛
责任编辑：张彦翔
责任校对：陈冬梅
装帧设计：北京金企鹅
责任印制：刘　银

出版发行：北京时代华文书局 http://www.bjsdsj.com.cn
　　　　　北京市东城区安定门外大街 138 号皇城国际大厦 A 座 8 层
　　　　　邮编： 100011　电话： 010-64263661　64261528

印　　刷：河北鹏润印刷有限公司

开　　本：787 mm×1092 mm　1/16　　　　成品尺寸：185 mm×260 mm

印　　张：12.75　　　　　　　　　　　　字　　数：298 千字

版　　次：2024 年 9 月第 1 版　　　　　　印　　次：2024 年 9 月第 1 次印刷

定　　价：42.00 元

PREFACE 前 言

随着商业现代化的推进，连锁经营在我国零售、餐饮等领域中的应用越来越广泛，已成为当今商贸流通中最具活力的经营方式之一，对生产、消费乃至整个国民经济的发展具有重要意义。在这一背景下，各连锁企业亟待引进熟悉现代商品流通规则和企业管理技术的高素质人才，进一步提高企业的经营管理水平，从而推动企业高质量发展。

为了方便教师教学，并帮助学生快速理解和掌握连锁经营与管理的相关知识，我们结合高等院校人才培养方案，将连锁经营的理论与实践融合在一起，编写了《连锁经营与管理》一书。

总体而言，本书具有以下几个特色。

一、立德树人，启智润心

党的二十大报告指出："育人的根本在于立德。"本书有机融入党的二十大精神，并将商品经营和企业管理所需要的创新精神、敬业精神、法治意识、绿色理念等融入教材，引导学生将个人价值、职业追求和国家的发展紧密相连，成为有理想、有信念、有担当的专业型人才。

二、校企合作，促进就业

本书在一线"双师型"教师和企业专职人员的指导与支持下编写而成。内容安排既充分考虑了教学大纲的要求，保证知识的专业性；又以促进学生就业，满足产业发展需求为导向，融入了许多以真实连锁企业为背景的案例和知识，突出内容的实用性和针对性。

三、模块清晰，实践驱动

本书采用"项目—任务"式编写模式，每个项目包含"项目导读""知识、能力、素养目标""任务导入""任务考核""项目实训""学习成果评价"等模块。

- ❖ **项目导读**：引出本项目的主旨，便于学生快速了解本项目将要学习的内容。
- ❖ **知识、能力、素养目标**：阐述学生通过学习应达到的知识水平、能力水平和素养水平，能够使学生在明确学习重点的基础上，有的放矢地学习。
- ❖ **任务导入**：讲述真实案例，使学生快速进入学习情境，激发学生的学习兴趣。
- ❖ **任务考核**：设置不定项选择题，以及简答题或案例分析题，检验学习成果，帮助学生巩固所学知识和技能。
- ❖ **项目实训**：设置小组合作、采访等丰富的活动形式，促进学生将学习成果应用到实训中，实现知行合一。

❖ **学习成果评价**：采用互评与师评的方式，从知识、能力、素养、成果 4 个方面对学生的学习情况进行综合评价。

此外，本书还在知识讲解部分穿插了"经营卡片""经营贴士""经营案例""经营互动"等栏目，以提升学生的课堂参与度，拓宽学生的知识面。

四、理念创新，助力教学

本书在知识选取和体例编排上进行了一些新的尝试，以"够用"为度构建知识体系，不仅符合学生的认知特点，还能够为教师开展项目式教学、案例教学、情境教学、混合式教学提供新的思路，从而全面提升教学效果。

五、资源丰富，平台支撑

本书配有丰富的数字资源，构建了线上线下结合的教学模式。学生可以借助手机或其他移动设备扫描扉页二维码获取相关视频，教师可以登录文旌综合教育平台"文旌课堂"查看和下载本书配套资源，如教学课件、"任务考核"答案等。学生和教师在学习过程中有任何疑问，都可以登录该平台寻求帮助。

此外，本书还提供了在线题库，支持"教学作业，一键发布"，教师只需要通过微信或"文旌课堂"App 扫描扉页二维码，即可迅速选题、一键发布作业、智能批改作业，并查看学生的作业分析报告，提高教学效率，提升教学体验。学生可在线完成作业，巩固所学知识，提高学习效率。

本书由胡婧婧担任主审，陈佳佳、潘楚六、李敏毅担任主编，郭卫、王珂、夏敏妍、娄希、张警之、樊荣娥担任副主编。由于编者水平有限，书中存在的疏漏和不妥之处，敬请广大读者批评指正，以便在今后的修订中进一步完善。

特别说明：

（1）本书在编写过程中，参考了大量资料并引用了部分文章和图片等。这些引用的资料大部分已获授权，但由于部分资料来自网络，我们未能确认出处，也暂时无法联系到原作者。对此，我们深表歉意，并欢迎原作者随时与我们联系，我们将按规定支付酬劳。

（2）本书没有注明资料来源的案例均为编者根据真实事件改编。

🔍 | **本书配套资源下载网址和联系方式**

🌐 网址：https://www.wenjingketang.com

📞 电话：400-117-9835

✉ 邮箱：book@wenjingketang.com

CONTENTS 目 录

项目七　了如指掌——连锁企业的信息管理　169

参考文献　196

项目一

初识业界——连锁经营认知

项目导读

　　作为一种现代商业模式，连锁经营的范围和规模不断扩大，从业人数不断增多，深刻影响着世界商业的发展。在经营内容、类型及企业组织结构等方面，连锁经营都展现出区别于传统经营的独特优势。了解连锁经营的基础知识和连锁企业的组织与分工，是从事连锁经营管理工作的基础。因此，本项目以连锁经营与连锁企业的相关知识为主要内容，旨在夯实学生的知识基础。

知识目标

　　（1）理解连锁经营的含义、特征、发展优势和风险。
　　（2）了解连锁经营的主要类型和常见业态。
　　（3）理解连锁企业的组织结构、部门构成及其职责。

能力目标

　　（1）能够联系生活，分析连锁经营和传统经营的区别。
　　（2）能够根据连锁企业中不同部门的岗位职责推导连锁经营管理的工作过程。

素养目标

　　（1）重视劳动的价值，培养爱岗敬业的职业精神。
　　（2）理解职业分工的意义，乐于团结协作。

任务 一 认识连锁经营

任务导入

肯德基在中国的连锁经营之路

肯德基炸鸡连锁餐厅（以下简称"肯德基"）是进入中国的第一家西式连锁餐饮店。1987年，肯德基在北京开设了首家餐厅，开业第一天便以30万元人民币的销售额创下纪录。此后的几十年间，肯德基在中国各个城市不断开设新店，成为中国规模最大、发展最快的连锁企业之一。

肯德基的主要经营形式包括直营连锁和特许连锁。直营连锁由总部统一开发管理。特许连锁实行"不从零开始"加盟政策，即总部将运营成熟并正在盈利的门店转给加盟商。这种形式降低了加盟商在选址、开店、招募等阶段遭遇风险的可能性，提升了经营成功率。

为了对全国的门店进行管理，肯德基总部设有13个部门，包括信息技术部、采购部、配销中心、企划部、营建部、品质控制部、加盟事业部、运营部、开发部9个业务部门，以及法律部、财务部、人力资源部、公共事务部4个服务部门。在13个部门的专业化分工和高度沟通协作下，完整的作业流程得以实现，最大限度地保证了整个组织机构的通畅运行。

肯德基和传统餐饮相比有哪些不同？

一、连锁经营的含义及特征

连锁经营是一种商业组织形式和经营形式。它是指若干企业以一定的形式组成一个联合体，在统一的规划和指导下，经营同类商品或服务。

连锁经营既包含总部统一的集中化管理，也包含各门店之间相对独立的经营活动。这种经营形式的本质是把分散的、独立的门店联合起来，实现规模效益。因此，连锁经营具有统一化、规模化和规范化的特征。

（一）统一化

1．统一的企业识别系统

企业识别系统是指企业的商标、招牌、装潢、外观、卖场布局等展现给公众的直观形象。统一的企业识别系统是连锁经营中最基本、最直接的要求，有利于连锁企业树立形象，也便于顾客认识到众多门店来自同一品牌，感受到各门店之间的关联性和统一性，加深对企业的印象。

需要注意的是，统一的企业识别系统固然重要，但如果没有统一的商品、服务与管理做支撑，单纯的外在形象统一只是"虚有其表"的空壳。

2. 统一的商品或服务

为达到良好的经营效果，连锁企业往往会对经营的商品或服务进行统一的规划和管理，提高顾客的认知程度。一般来说，各门店商品的选择、组合、更新等都由总部进行统一设计。顾客无论走进哪一家门店，都能买到相同的商品或享受相同的服务。

3. 统一的经营管理

经营管理的统一主要体现在连锁企业的内部管理上，这是连锁企业持续运行的制度保障。各门店必须遵循总部制定的经营策略和经营管理标准，其日常工作也必须根据总部编制的运营手册和细则开展，进而使整个企业实现标准化、系统化、制度化管理。

4. 统一的经营理念

经营理念包括企业文化、宗旨、价值观念等。统一的经营理念是文化层面的统一，也是连锁经营中最高层次的统一。连锁企业要想获得长久的发展，就必须将统一的经营理念作为连接内部成员的文化纽带。虽然经营理念的统一是隐性的、不可见的，但它对保持企业特色、促进企业长久稳定发展具有重要意义。

（二）规模化

传统销售多是单店经营，门店独立且规模较小，销售额偏低。与之相比，连锁经营的门店数量较多，可以遍布一个区域甚至全国。为突出整合优势，连锁经营的业务基本由总部集中决策，以实现资金、人力资源、技术等要素的有效组合和最优配置，提高规模效益。

例如，在采购环节，连锁经营通过采购权的集中，能够以较大的采购数量获取较强的议价资本，降低进货成本。又如，在仓储、配送环节，连锁经营通过对商品的统一调配，能够最大程度避免单店经营中出现的供货不足等问题，保证商品配送及时、周转顺畅。

（三）规范化

由于规模较大，各门店较分散，连锁经营的管理难度较大。因此，连锁经营通常会对管理过程进行规范化设计，严格规范作业流程，并设置专业化职能部门，同时为各职能部门制定通达的沟通机制。随着经济和科学技术的发展，连锁经营在管理中更加注重科技化和数字化管理手段的运用，进一步保证自身各项业务的顺利开展。

经营卡片

> ### 连锁经营的"3S"原则
>
> （1）简单化（simplification）。为维持既定的作业流程，连锁经营会创造任何人都能轻松且快速熟悉作业的条件，尽可能将工作化繁为简，去掉不必要的环节，提高工作效率。
>
> （2）标准化（standardization）。为持续性地生产、销售预期品质的商品，连锁经营会设定合理且能反复运作的标准化经营系统，以对整个企业的经营进行标准化管理。
>
> （3）专业化（specialization）。为提高运作效率，连锁经营会对管理中的各个流程进行明确的职能分工和业务管理，不断提高每个环节员工的作业水平。

二、连锁经营的优势和风险

（一）连锁经营的优势

1. 市场扩张优势

提高市场占有率是企业在市场竞争中的重要目标。连锁经营能够在短时间内通过加盟等方式吸引合作者和资本，通过统一开发、统一设计、统一经营管理，大规模复制门店，实现快速发展。例如，大型连锁超市华润万家自进入市场以来，通过兼并和自营开发，开设门店超过3 000家，覆盖了全国100多个地级以上城市，迅速跻身于零售百强榜前列。

2. 规模效益与成本优势

连锁经营拥有较大的商业规模，能够在各个环节体现规模效益，从而以较低的成本在市场竞争中展现较大的优势。

例如，在采购环节，由于各门店的商品和设备相似，总部可以统一购买，降低采购成本；在运输、仓储、配送环节，总部可以统一调配，避免库存积压，提高配送效率，降低流通成本；在宣传环节，总部统一铺设营销广告，与传统经营依次铺设广告相比成本低、辐射范围广，对顾客的影响更大。

3. 品牌塑造优势

连锁经营大规模的分店体系有利于连锁企业在顾客心中塑造鲜明的企业形象。大量相同的企业形象既是一种广泛宣传，又有利于企业在不同的地方加强对顾客的刺激，强化顾客对连锁企业的认知和依赖。这是传统经营不具备的品牌塑造优势。

（二）连锁经营的风险

1. 市场风险

连锁经营作为市场经济的一部分，难以避免市场风险。产业结构升级、市场竞争加剧或顾客需求变化等不确定因素，都可能对连锁企业产生重大影响。

2. 经营者风险

连锁经营作为一种现代化的组织形式和经营形式，要求经营者具备较高的经营管理能力。一方面，连锁经营的经营管理体系是由总部统一设计和规划的。这就要求总部管理者拥有较高的决策才能，保持较高的管理水准，能够为连锁企业的持续健康发展提供高屋建瓴的引导。另一方面，连锁经营的门店管理权有一部分掌握在门店经营者手中。如果门店经营者缺乏管理能力和经验，则连锁经营可能会失败。

3. 连锁体系风险

连锁经营使用同一品牌，各门店自然而然属于同一利益共同体。在实际经营中，若一家门店出现问题，则其他门店也会受牵连，甚至可能给整个品牌带来负面影响。例如，2023年初，某寿司连锁店遭遇顾客恶搞事件，引发大众对该品牌食品安全和卫生状况的担忧，导致多家门店生意惨淡，企业股价下跌。

三、连锁经营的类型

（一）直营连锁

直营连锁又称"正规连锁"，是连锁企业通过独资、控股或吞并等途径开设门店，发展壮大自身实力的一种连锁经营形式。

1. 直营连锁的特征

（1）所有权集中统一。直营连锁的所有门店由一个投资主体（公司、联合组织或个人）开办，所有权也归属同一投资主体，各门店不具备法人资格。所有权集中统一是直营连锁最突出的特征。

（2）经营管理权统一。在直营连锁下，总部可以对企业内部的人事、财务、投资、分配、采购、促销、物流等进行统一规划和管理，各门店必须在总部的要求下进行统一运作。

（3）财务核算统一。直营连锁实行统一的财务核算制度。一般情况下，各门店的经营管理者由总部委派，是企业雇员而非所有者，无权决定门店的财务资金分配。此外，各门店的利润、员工工资及奖金等，也都由总部依据企业标准进行统一核算。

2. 直营连锁的优势与劣势

直营连锁由总部统一管理，规模效益更明显，且各项决策属于企业内部事务，能够免受外部干扰。但是，直营连锁的门店扩张需要企业自行开发，对企业的实力要求较高。

（二）特许连锁

特许连锁是拥有注册商标、企业标志、专利、专有技术等经营资源的企业（以下简称"特许人"），以合同形式将其拥有的经营资源许可其他经营者（以下简称"被特许人"）使用，被特许人按照合同约定在统一的经营模式下开展经营，并向特许人支付特许经营费用的一种连锁经营形式。生活中常见的加盟就是特许连锁。

1. 特许连锁的特征

（1）所有权分散，经营管理权集中。与直营连锁不同，特许连锁的各门店是独立的法人。加盟者不受聘于总部，拥有自己店铺的所有权，并直接对自己的经营成果负责。但是，特许连锁的经营管理权属于总部，各门店的经营管理需要服从总部的安排，如统一的商品定价、一致的企业外观设计等。

（2）经营核心是特许权的转让。总部作为转让方，会将产品、技术、商标、专利、商业秘密等一系列有形或无形资产转让给加盟店，并在一定区域范围授予加盟店对特许内容的垄断使用权。

（3）特许连锁以特许连锁合同为纽带。在特许连锁下，加盟店和总部签订特许连锁合同后形成合作关系。合同中会明确规定总部向加盟店提供的特许权及技术指导、加盟店向总部支付费用的额度和方式等内容。需要注意的是，特许连锁合同不是由双方协商拟定的，而是由总部制定的，加盟者若想参与连锁经营就必须接受合同中的既定内容。

（4）总部与加盟店之间是纵向关系。在特许连锁下，总部与加盟店之间通过特许连锁合同形成一对一的纵向关系，各门店之间则不存在合作或制约的横向联系。

2. 特许连锁的优势与劣势

对加盟者而言，特许连锁的优势体现在整个经营管理的过程中。一方面，加盟者可以使用较少的资金完成创业，并借助总部的商品或品牌知名度吸引顾客，打开市场，稳定销售。另一方面，加盟者可以通过总部获得技术和策略支持，减少经营风险。对总部而言，特许连锁能够为其创造加盟收益，在较少资本付出的前提下提高市场占有率，扩大品牌知名度。

特许连锁的劣势表现在加盟者需要服从总部的管理，经营自主性比较低，无法根据实际经营情况及时调整经营策略，缺乏灵活性。总部则需要承担各加盟者因经营不善造成的声誉损失及合同终止后加盟者退出引起的风险。

👤 | 经营互动

　　肯德基在中国的连锁开发中，直营连锁占到其中的 90% 以上，特许连锁不足 10%。肯德基选择这样的经营形式有哪些优势和不足呢？

肯德基经营形式分析

（三）自由连锁

自由连锁又称"自愿连锁"，是多家企业为实现共同利益而结成事业合作体的一种连锁经营形式。自由连锁的各个成员店均属于独立法人，只在部分业务上进行合作经营。

自由连锁通常有两种形式：一种是几家小企业相互抱团，设立总部和物资配送中心，吸引其他企业加盟；另一种是批发商以自己为中心，将具有长期稳定关系的零售商联合起来，形成连锁集团。美国的独立杂货商联盟就是由食品批发商弗莱明公司联合多家中小食品零售商组织成立的自由连锁经营集团。

1. 自由连锁的特征

（1）成员店拥有独立的所有权、经营权和核算权。自由连锁各成员店的所有权归各经营管理者所有。在实际经营中，各成员店可以自行决定商品品种、经营方式等，拥有较大的经营自主权。同时，门店经营者也可以进行独立核算和人事安排。经营初期，成员店可以使用各自的店名、商标。随着自由连锁的发展壮大，各成员店可以一同设立服务机构，并统一店名和商标。

（2）总部与成员店之间是协商服务关系。在自由连锁下，总部与成员店之间不存在强制关系，而是一种互惠互利、相互合作的关系。总部和成员店遵循共同利益原则，通过协调关系、共同进货、组织物流、开展广告宣传等手段达到共享规模效益的目的。

（3）协商订立的合同是维系关系的纽带。在自由连锁下，总部与成员店也是以合同为纽带连接在一起的。区别于特许连锁合同，自由连锁合同是非定式的，一般由成员店协商拟定，约束力较弱。此外，自由连锁合同规定的加盟时间一般以年为单位，成员店可以自由退出，且不用承担退出惩罚。

2. 自由连锁的优势与劣势

自由连锁既能发挥规模效益，又能保证各成员店拥有较大的经营自主权，有利于灵活经营，发挥各自的优势和潜力。但自由连锁的组织较松散，合作程度有限，可能出现总部决策迟缓等问题。

三大连锁经营形式的异同点

三大连锁经营形式的异同点如表 1-1 所示。

表 1-1　三大连锁经营形式的异同点

项目	连锁经营形式		
	直营连锁	特许连锁	自由连锁
所有权	总部所有	加盟店所有	成员店所有
经营自主权	小	小	大
总部与分店关系	企业内部上下级	合同关系	协商服务关系
分店之间关系	同隶属于总部	无横向联系	无横向联系
合同约束力	—	弱硬	松散
外观形象	完全一样	完全一样	基本一样

四、连锁经营的常见业态

业态是指经营者为满足不同的消费需求，对相应要素进行组合而形成的不同经营形态。连锁经营的常见业态主要有以下几种。

（一）零售服务业

现代连锁经营的发展始于零售服务业。零售服务业已成为行业成熟度较高、市场相对稳定的连锁经营业态，主要包括以下几类。

1. 超市

超市的起源是食品杂货零售店，一般以食品和日用百货为主要商品，以大量售货为经营原则，拥有较高的商品流通率。常见的连锁超市有大润发、华润万家等。

超市的分类

（1）按营业面积的不同，超市可分为大型超市、中型超市、小型超市。其中，营业面积大于等于 6 000 平方米的称为大型超市。大型超市的商品种类更丰富，旨在为顾客提供一站式购物服务。

（2）按生鲜食品比重的不同，超市可分为生鲜超市和综合超市。生鲜食品（初级生鲜食品、冷冻生鲜食品、现场加工食品）占比超过 30% 的称为生鲜超市；非食品单品占比更高的称为综合超市。

2. 仓储会员店

仓储会员店是在大型超市的基础上发展而来的。它以"储存与销售一体，批发与零售兼营"为特点，一般以低价或批发价格向固定会员顾客提供商品。常见的连锁仓储会员店有山姆会员商店、麦德龙等。

3. 百货店和购物中心

百货店主要经营品牌服饰、化妆品、家居用品、箱包、珠宝、钟表等中高品质商品，是满足顾客多样化购物需求的一种零售业态。常见的连锁百货店有王府井百货、银座百货等。

与百货店相比，购物中心更像是一个综合性的商业集合体。除零售外，购物中心还会提供餐饮、休闲娱乐及其他服务。常见的连锁购物中心有大悦城、万达广场等。

4. 便利店

便利店主要为顾客提供即时、便利的服务，开店地点比较灵活，营业时间较长，多为全年无休的 24 小时经营模式。便利店销售的商品主要为方便即食食品和日常必需品。常见的连锁便利店有美宜佳、7-11、全家等。

5. 专业店

专业店是专门经营某一类或几类相关商品的零售业态，如办公商品专业店、药品专业店等。常见的连锁专业店有专营家居用品的宜家、专营化妆品的丝芙兰、专营家电的苏宁易购等。

6. 品牌专卖店

品牌专卖店是专门售卖某一品牌商品的零售业态。常见的连锁专卖店有李宁运动品牌专卖店、小米品牌专卖店等。

（二）餐饮服务业

餐饮服务业是连锁经营的重要业态，主要为顾客提供食品及场所。生活中常见的连锁餐饮有以下几类。

1. 正餐餐饮店

正餐餐饮店主要为顾客提供以中、晚餐为主的各类中西菜式和主食，品种丰富，讲究用餐环境和服务，如全聚德、外婆家等。

2. 快餐餐饮店

快餐餐饮店主要在一定场所内为顾客提供快捷、便利的就餐服务，如肯德基、麦当劳等。

3. 小吃餐饮店

小吃餐饮店主要供应地方特色小吃，为顾客提供全天的、简便的就餐服务，如沙县小吃、天津狗不理包子等。

4. 休闲餐饮店

休闲餐饮店定位于"休闲",主要为顾客提供各类饮料、零食等休闲食品和良好的用餐环境,包括咖啡厅、茶馆、酒吧、冷饮店等,如老舍茶馆、蜜雪冰城等。

5. 其他

随着时代发展,连锁餐饮的种类和形式更加多元,如自助餐、外送餐饮、美食广场等。各种餐饮类型的不断发展,为居民提供了越来越丰富的食品和便捷的就餐服务。

(三)其他服务业

随着城市化水平的提高和居民需求的日益增长,连锁经营在其他服务业中的发展进程明显加快。在其他服务业中,常见的连锁服务机构有以下几类。

1. 教育培训机构

教育培训机构以传递知识、经验和技能为主要经营内容,主要为人们提供各种教育培训服务,包括语言培训机构、早期教育培训机构、艺术培训机构、职业技能培训机构等。例如,新东方是提供教育培训服务的连锁机构。

2. 咨询机构

咨询机构主要为企业、团体或个人提供各种咨询、计划、建议、代办等服务,包括房产中介、婚姻中介、职业介绍、法律咨询、个人理财咨询等。例如,链家是提供房产中介服务的连锁机构。

3. 居民服务机构

居民服务机构主要为人们提供日常生活方面的服务,如快递服务、家政服务、房屋装修服务、电子产品维修服务等。随着人们生活水平的提高,新兴居民服务机构的种类和形式不断丰富,大大提高了居民生活的便利性。

4. 体验式服务机构

体验式服务机构主要为人们提供各种休闲娱乐服务和舒适体验,从而满足人们日益增长的精神文化需求,包括游乐园、酒店、旅行社、电影院、健身中心等。例如,方特欢乐世界是提供互动、娱乐体验服务的连锁机构。

经营案例

汽车 4S 店

汽车 4S 店是融汽车销售(sale)、零配件(spare part)、售后服务(service)、信息反馈(survey)为一体的专业汽车服务店,其核心含义是"提供汽车终身服务解决方案"。汽车 4S 店一般与汽车生产企业有着紧密的产销关系,采取一个品牌在一个地区分布一个或相对等距离的几个专业店的方式经营。它们拥有统一的外观形象、标志和管理标准,并具有购物环境优美、品牌效应强等优势。

任务考核

一、不定项选择题

1. 连锁经营的特征包括（　　）。
   - A. 统一化
   - B. 规范化
   - C. 规模化
   - D. 多级化

2. （　　）不属于连锁企业的经营统一化表现。
   - A. 企业形象统一
   - B. 工作内容统一
   - C. 商品或服务统一
   - D. 企业文化统一

3. 连锁经营的类型包括（　　）。
   - A. 平行连锁
   - B. 特许连锁
   - C. 自由连锁
   - D. 直营连锁

4. 特许连锁的特征有（　　）。
   - A. 所有权分散
   - B. 协商订立的合同是维系关系的纽带
   - C. 经营管理权分散
   - D. 总部与加盟店之间是纵向关系

5. 直营连锁也可称为（　　）。
   - A. 正规连锁
   - B. 自愿连锁
   - C. 加盟连锁
   - D. 合同连锁

二、简答题

1. 简述直营连锁的特征。

2. 简述连锁经营的优势。

任务 二 熟悉连锁企业

任务导入

星巴克的企业组织结构改革

星巴克咖啡有限公司（以下简称"星巴克"）是一家以咖啡烘焙和零售为主要业务的连锁企业。从籍籍无名到闻名遐迩，星巴克的企业组织结构也在发展中经历了多次调整和转变。

1971 年，星巴克成立于美国西雅图，主要经营优质咖啡豆和咖啡器材。由于当时市面上高端咖啡商品的空缺，星巴克自开业以来就受到巨大欢迎，仅一年就开了 6 家门店。但是，3 位创始人为保证咖啡的品质，并没有选择快速扩张，仍然亲力亲为地管理所有门店的运营和采购业务，并要求门店经理直接向他们汇报工作。

1987 年，星巴克更换"掌门人"，开始向全国扩张。为满足经营需求，星巴克调整了企业组织结构，并将职能部门划分为 3 大部分，分别是商业分析部、业务发展部和产品研发部。商业分析部负责市场分析和企业发展规划，业务发展部负责门店扩张和运营，产品研发部负责开发新产品。这一调整为星巴克的快速扩张奠定了良好基础。

随着产品和服务走向世界，星巴克再次对企业组织结构进行了调整，并将原先的职能部门由 3 个扩充至 9 个，分别是财务部、全球发展部、物资供应部、品牌推广合作部、市场部、公益事业部、美洲事务部、亚太事务部及欧洲事务部。其中，美洲、亚太、欧洲 3 个地区事务部是星巴克为处理地区业务而专门设立的。

业务部门越来越多，一定会对连锁企业产生积极影响吗？

一、连锁企业的组织结构类型

（一）直线型组织结构

在直线型组织结构（见图 1-1）下，总经理负责所有业务的决策，所有门店经理直接听从总经理的指派。为方便管理，部分小型连锁企业还会委派专业人员负责财务、采购等业务，但不会设置专门的职能部门。因此，直线型组织结构比较简单，决策效率较

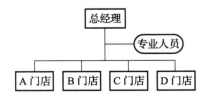

图 1-1　直线型组织结构

高。但是，由于管理职能集中，直线型组织结构对管理者的要求相对较高，一般适用于门店数量较少、商品结构简单、业务量较少的中小型连锁企业，并多见于初创企业。

（二）直线职能型组织结构

直线职能型组织结构（见图1-2）在直线型组织结构的基础上增设了各个职能部门，负责连锁企业日常运营中的某一项具体业务，适用于中型连锁企业。直线职能型组织结构能够更好地统筹、调配人力，细化分工，明确职责，提高工作效率。但是，直线职能型组织结构可能增加部门之间的沟通成本，造成企业各部门各自为政，不利于部门协调和团队合作。

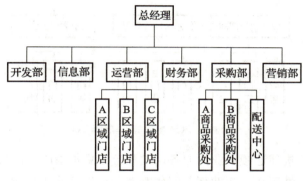

图1-2　直线职能型组织结构

部门归类管理

如果部门较多，业务量较大，连锁企业会在总经理和职能部门之间加设管理者，负责一个或几个部门的工作，如图1-3所示。需要注意的是，职能部门的划分不是随意的。连锁企业往往会按照业务性质、工作内容或部门间的沟通需要等因素将相近的部门归为一类，交由同一管理者进行管理，以提高部门间的协作效率。

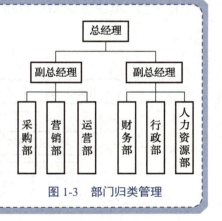

图1-3　部门归类管理

（三）事业部型组织结构

事业部型组织结构是以产品、业务或区域为划分依据，将相关部门结合成一个事业部进行管理的形式，适用于门店数量多、业务类型多的大型连锁企业。

例如，区域管理部型组织结构（见图1-4）是以区域为划分依据的事业部型组织结构。为管理跨地区或跨国业务，连锁企业会设立区域管理部对本地区的业务负责，形成三级组织结构，即总部—区域管理部—门店。区域管理部的主要职责是在总部的指导下管理本区域门店的日常经营活动，具有一定的决策、管理和执行权力，但不具备法人资格。

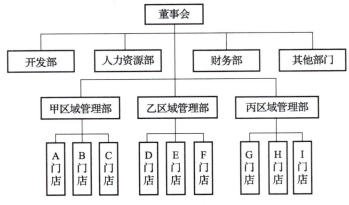

图1-4　区域管理部型组织结构

事业部型组织结构使连锁企业的业务层次和分工更加清晰。高层管理者可以摆脱日常业务，专注于决策性工作。事业部之间相互竞争可以增强工作积极性。但是，事业部型组织结构管理层级复杂，运作成本较高，且事业部之间联系不足，难以实现彼此支持和资源共享。

为提高管理效率，一些连锁企业会在区域管理部下设立营销部、采购部等职能部门（见图1-5），其职责与总部对应的职能部门相似，但管理范围仅限于本区域。

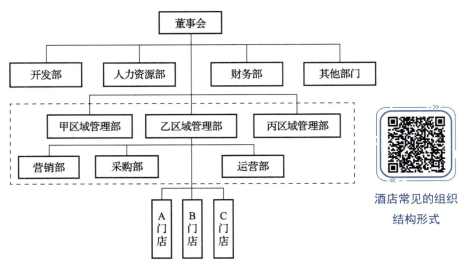

酒店常见的组织
结构形式

图1-5　区域管理部的下设部门

二、连锁企业的部门构成及其职责

连锁企业的业态和企业规模不同，其部门设置和人员构成也不同。本书主要以连锁零售业为例展开阐述。

（一）总部

总部作为专业的管理机构，需要对连锁企业的所有业务进行集中化管理，其主要任务是更好地为门店提供服务，保证业务的顺利开展。连锁门店越多，总部的规模越大，功能越齐全。一般情况下，总部的主要职责包括制定企业发展战略和经营方针；为连锁门店的开发、采购、物流、促销制订方案，提供技术和策略支持；督导门店运营，培训企业员工；管理企业信息和财务资金等。为完成上述职责，总部会设立多个职能部门，承担相应的经营管理工作。

1. 开发部

开发部主要负责连锁企业的市场拓展和新店开发。其职责具体表现在以下几个方面。

（1）制定新店开发策略，规划市场。

（2）根据企业标准为新店选址，并进行相应的选址分析。

（3）管理加盟商，包括对加盟商的评估、签约、档案管理等。

（4）管理新店营建过程，包括制定预算、自建或租买场地、组织招投标、设计与管理工程、审核与验收工程、控制进度等。

（5）为新店提供设备采购、维修与保养服务。

（6）评估新店的投资效益、销售能力等。

2. 营销部

营销部又称"企划部"，是连锁企业的核心部门，主要负责连锁企业的商品或服务价值实现过程中的各项工作。其职责具体表现在以下几个方面。

（1）策划企业形象，打造企业品牌。

（2）编制销售计划，并组织落实。

（3）设计商品配置和陈列措施。

（4）制订宣传推广与营销方案。

（5）组织、协调、优化各种营销活动。

（6）调查和分析市场竞争状况，预测发展趋势。

（7）分析销售状况，提出改进措施。

3. 采购部

采购部又称"商品部"，主要负责生产物资和商品的采购。其职责具体表现在以下几个方面。

（1）制订采购计划。

（2）确定采购方式和渠道。

（3）进行采购谈判，确定采购价格，控制采购成本。

（4）监督进货渠道，保证商品质量。

（5）管理供应商，包括开发和淘汰供应商。

（6）开发新商品，淘汰滞销品。

（7）控制商品储存、配送过程。

4．运营部

运营部作为一个综合职能部门，主要负责对各门店的经营管理进行全过程的指导、协调和监督。其职责具体表现在以下几个方面。

（1）制定业绩目标，并促进门店实现目标。

（2）制定门店规章制度，如门店运营手册、岗位职责等，并监督、检查门店的执行情况。

（3）了解门店经营情况，指导门店工作。

（4）洞察周边市场情况，分析竞争形势。

（5）分析门店运营状况，提出优化措施，调整运营策略。

5．财务部

财务部是在连锁企业的整体目标下，对投资、融资、调配资金和分配利润等过程进行管理的部门。其职责具体表现在以下几个方面。

（1）建立、完善公司财务制度。

（2）制定财务预算，控制经营成本。

（3）管理、审核各类财务凭证。

（4）处理购销活动账务，调配企业资金。

（5）统计门店营业额。

（6）编制企业财务报表。

（7）申报与缴纳税金，处理年度预决算工作。

（8）分析企业财务状况与投资风险。

6．人力资源部

人力资源部是对连锁企业中各类人员形成的资源进行管理的部门。其职责具体表现在以下几个方面。

（1）制定并执行人事制度、考核标准、奖惩办法等。

（2）规划用工人数和结构。

（3）招聘人才，调配员工工作岗位。

（4）培训企业员工，包括岗前培训和在岗培训。

（5）管理人事档案和合同，维护企业权益。

7. 信息部

信息部旨在反映企业内部的动态信息，包括信息的收集、传播、记录、反馈、分析等。其职责具体表现在以下几个方面。

（1）开发企业内部信息系统，包括商品管理系统、人事管理系统等。

（2）收集、处理企业信息，并及时汇总和上报信息。

（3）保障企业服务器运行，维护计算机硬件和软件设施。

（4）储存、保管各种数据、影像等企业内部资料。

经营互动

　　除了以上部门，部分连锁企业还设有商务合作部、行政部等其他部门。你还了解哪些部门，它们的主要职责是什么？

（二）门店

1. 门店的基本职责

门店是连锁经营的基本单位，直接向顾客提供商品或服务。门店的基本职责是根据总部的指示和要求销售商品，完成经营业绩。因此，门店的职责包括与销售经营相关的一系列工作。例如，维护店面的卫生和整洁，为顾客提供良好的消费环境；管理门店商品，及时补充商品，合理陈列商品；提供优质的顾客服务，帮助顾客选购商品。

此外，门店还需要对经营活动和日常销售进行监控、评估和优化，通过组织促销活动、控制商品损耗、提升顾客服务、开展市场调查与分析等方式提高门店的运营水平和业绩。

2. 门店的岗位分工

（1）店长。① 日常经营管理：根据总部要求执行经营计划，进行日常销售，完成经营指标；② 商品管理：监控商品的进货、补货、验收、入库、盘存、陈列，保证商品质量，控制商品损耗；③ 顾客管理：了解、满足顾客需求，为顾客提供售前、售中、售后服务；④ 员工管理：监控员工出勤情况、工作效率和工作能力，培训、激励员工；⑤ 财务管理：监督、审核门店的收银；⑥ 信息管理：使用信息系统处理经营业务，整理各种办公自动化表单，如营业日报表等。

经营贴士

　　店长代表一家门店的形象，是一家门店经营管理的核心。他既是总部决策的执行者，也是统筹管理全店业务的指挥者，发挥着承上启下的关键作用。店长素质的高低直接影响门店经营业绩的好坏。只有具备较强的领导能力、协调能力和管理能力，店长才能履行个人职责，胜任工作。

（2）导购员。① 了解商品名称、价格、功能等，掌握一定的销售技巧；② 接待顾客咨询，为顾客答疑，帮助顾客选购商品；③ 提供商品退换服务；④ 参与处理顾客抱怨和投诉；⑤ 协助处理商品陈列、盘点、改价等；⑥ 协助收银。

（3）收银员。① 了解商品的编码、价格情况和促销活动；② 礼貌并快速地完成收银、开票、会员核销等工作；③ 收纳、找付、整理、上缴现金；④ 做好辅助工作，包括清理收银台、包装商品等。

（4）理货员。① 清点、验收入库商品；② 对店内商品进行上架、陈列和改价；③ 盘点架上商品和库内商品，控制商品损耗；④ 清洁货架和商品；⑤ 及时报告商品数量和质量情况，协助店长订货；⑥ 处理被退换的商品。

（5）防损员（保安员）。① 负责开店、闭店工作；② 监督店内外活动，防止发生偷盗事件，保护商品和设备；③ 配合店长及警方处理偷盗事件；④ 保护店内员工和顾客的人身安全。

任务考核

一、不定项选择题

1. 连锁企业的组织结构有（　　）。
   A. 直线型
   B. 直线区域型
   C. 事业部型
   D. 直线职能型

2. 下列关于事业部型组织结构的说法中，错误的是（　　）。
   A. 适用于大型连锁企业
   B. 能够使连锁企业的业务层次和分工更加清晰
   C. 可能会增加企业运作成本
   D. 由总经理直接管理各项业务

3. 一般来说，为连锁门店制定经营战略的是（　　）。
   A. 店长
   B. 副店长
   C. 总部
   D. 以上都有

4. 连锁企业财务部的职责有（　　）。
   A. 报税
   B. 管理财务凭证
   C. 调配资金
   D. 分析企业财务状况

5. 连锁企业采购部的职责有（　　）。
   A. 打造企业品牌
   B. 淘汰滞销品
   C. 储存、保管各种数据、影像
   D. 分析各门店的运营状况

二、案例分析题

请阅读以下案例，并回答问题。

A企业是一家大型连锁超市，采取直营连锁形式进行经营，业务丰富，其门店遍布全国。小李最近想应聘该企业的采购部，于是上网查询该企业，获得如下信息。

（1）该企业资金实力雄厚，营业面积约800平方米。为满足顾客即时、便利的购物需求，该企业在全国各地招募了很多加盟商。

（2）该企业采取直线型组织结构，人员简单，层级较少，并给予门店较高的自主权，店长可以自行管理门店业务。

（3）该企业设有采购部、营销部、财务部等。其中，采购部的主要职责是对采购来的商品进行销售。

请帮助小李分析，以上哪些信息可能有误。为什么？

项目实训

 任务描述

全班学生以小组为单位，收集连锁经营及连锁企业的相关资料，然后结合所学知识完成以下任务。

（1）模拟创办一家连锁企业，设定企业规模和经营内容，并根据企业性质设计企业组织结构和部门。

（2）小组成员分别担任不同部门的管理者，了解自己所在部门的职责和工作内容。

（3）各小组将企业的设计过程和个人岗位职责等内容制作成一份PPT，然后选派一名代表在课堂上进行展示。

 任务目标

（1）巩固连锁经营的基础知识和连锁企业组织结构设计的基本原理。

（2）理论联系实际，促进学生对知识的综合运用。

 任务分组

全班学生以 5～7 人为一组，每组选出 1 名组长。组长与组员共同进行任务分工，并将小组成员和分工情况填入表 1-2 中。

表 1-2　小组成员和分工情况

班级		组号		指导教师	
小组成员	姓名	学号		任务分工	
组长					
组员					

 任务实施

将实训任务的具体完成情况记录在表 1-3 中。

表 1-3　实训过程记录表

负责人、时间、任务分配	实施步骤
	1．小组讨论，设计企业（企业名称、企业类型、企业规模、企业经营内容）
	2．列举所需要的知识点
	3．检索相关资料，记录收集的信息及内容（所选行业的特点、经营理念、行业代表等）
	4．小组成员汇总信息，并进行讨论，确定企业组织结构的类型，绘制企业组织结构图

负责人、时间、任务分配	实施步骤
	5．你所担任的企业角色是_____，你的工作内容是_____ _____ _____
	6．按要求制作 PPT，在小组内部进行展示，进一步讨论并修改
	7．各小组代表在课堂上展示 PPT，教师和其他同学进行提问或发表意见
	8．记录实训中的心得体会或遇到的问题

学习成果评价

教师根据学生的课堂表现、实训过程表现和作业完成情况对学生进行评价，学生在教师指导下进行组内互评，师生共同填写学习成果评价表（见表1-4）。

表 1-4　学习成果评价表

班级		组号		日期	
姓名		学号		指导教师	
学习成果					

评价维度	评价指标	评价标准	分值	评价分数	
				互评	师评
知识评价	理解知识	了解连锁经营的特征、类型和常见业态	5		
		熟悉连锁企业的组织结构、构成及其职责	5		
	应用知识	能够运用所学知识，辨别生活中连锁企业的类型，解释生活中的各种连锁经营现象	10		
能力评价	信息检索能力	熟练应用多种信息检索方法，获取有效信息	10		
	团队合作能力	能够配合团队其他人，进行有效的分工与合作	10		
	创新实践能力	能够分析实际生活中的问题，并提出解决问题的新方法	10		

续表

评价维度	评价指标	评价标准	分值	评价分数	
				互评	师评
素养评价	学习态度	能够积极参与课堂讨论，独立、按时完成任务考核与实训作业	5		
		能够投入时间和精力来学习，并享受学习过程	5		
	心理素质	能够正确面对他人批评，并保持良好的情绪，迎难而上，持之以恒	10		
	反思意识	能够对自身的学习状态和成果进行审视和反思，并及时总结经验，调整学习策略	10		
成果评价	企业设计	设计合理、角度新颖，与现实情况相符合	10		
	PPT	重点突出、详略得当、图文并茂	10		
合计			100		
总评	互评（30%）+师评（70%）=			教师（签名）：	

项目二

夯实根基
——连锁企业的商品管理

项目导读

商品管理是连锁企业经营的核心，也是营销、配送等活动的起点和基础。只有选择优质商品，降低采购成本，提高采购效率，才能提高企业的核心竞争力。可见，连锁企业应不断细化商品管理流程和作业内容，并对商品管理活动和相关人员提出严格的要求。因此，本项目以商品管理为主要内容，旨在提高学生从事连锁企业商品采购和管理工作的能力。

知识目标

（1）理解连锁企业商品定位、分类、组合的依据和原理。
（2）了解连锁企业商品群设计的主要方法。
（3）熟悉连锁企业商品采购的方式和业务流程。
（4）了解连锁企业商品开发和淘汰的原则和程序。

能力目标

（1）能够发现和解决连锁企业在商品管理中出现的问题。
（2）能够根据不同连锁企业的特征，设计不同的商品结构。

素养目标

（1）养成规范、严谨的职业操守，树立责任意识。
（2）提高学习兴趣，开拓商业思维。

任务 一 明确商品结构

🔁 任务导入

SKP 商场的商品种类和布局

北京 SKP 商场（以下简称"SKP"）是由北京华联集团主导投资建设的一家大型购物中心。自开业以来，SKP 的业绩就持续快速增长，是公认的中国高端商场的代表性样本。

在商品筛选上，SKP 格外挑剔，不仅要求入驻品牌具有国际知名度，而且严格审核所有商家的资质。因此，无论是时尚百货还是餐饮美食，入驻 SKP 的商家大多是国内外一线知名品牌。

在商品种类上，SKP 可谓包罗万象，容纳了运动、家居、家电、服饰、彩妆等多个品类，并在地下楼层建设了美食广场和超市。

在商品布局上，SKP 保留了传统百货商场的楼层布局方案，使顾客能在最短的时间内找到自己需要的商品，提高了消费效率。

近年来，为吸引年轻顾客，提高销售业绩，SKP 在商品组合与分类上做出了一系列创新设计。例如，SKP 首创对同一品牌的男女装进行拆分，将其分布在不同楼层的对应区域；将美食广场和品牌服装店设置在同一楼层，颇显前卫。此外，SKP 还善于根据重要的时间节点和潮流方向调整商品布局。例如，借助 2022 年北京冬奥会热潮，SKP 在商场中打造了一个独立的创意空间——滑雪概念集合店。该集合店汇聚了众多专业滑雪品牌，涵盖了服装、配饰及专用设备等单品，吸引了诸多运动爱好者。

你经常去哪些商场，它们的商品种类和布局有哪些特征？

一、商品定位

商品定位是连锁企业根据企业定位、目标消费群体和市场环境确定自身商品经营结构，实现商品最优配置的过程。它通过对商品的品种、价格、档次等内容进行定位，塑造连锁企业在顾客心目中的形象。这个过程既是连锁企业自身价值理念的体现，也是连锁企业对市场的分析、选择和适应。

沃尔玛的商品定位

（一）商品定位的特征

1. 基于顾客需求

商品定位是为了更好地向顾客销售商品。把握顾客喜好，满足顾客需求，才能使顾客购买商品。因此，基于顾客需求是连锁企业确定商品定位、实现持续发展的重要条件。

2. 具有稳定性

商品定位一旦确定，商品整体结构和连锁企业经营基调也就确定了，且短期内一般不会发生改变。连锁企业为满足顾客的长久需求，就要保持商品定位的稳定性。需要注意的是，商品定位的稳定性是相对的，随着市场和顾客需求的变化，商品定位也会发生相应的变化。

3. 具有竞争性

商品定位需要连锁企业在研判市场的基础上确定自身的站位和区间，并选择具有竞争力的商品。能够体现连锁企业的独特性和竞争优势的商品定位，才能引起顾客的兴趣并使其产生依赖，从而使连锁企业赢得市场竞争。

（二）商品定位的要点

1. 把握业态特征

连锁企业的业态是商品定位的决定因素之一。不同业态都有与之相适应的商品定位。例如，百货商场为满足顾客对商品多样化的需求，会提供服饰、家居、珠宝、箱包等一系列商品；便利店为满足顾客即时、便利的购物需求，会提供即食食品和日常必需品等商品。因此，为发挥自身业态的价值，连锁企业必须秉承商品定位与业态特征相符合的原则，实现商品最优配置。

2. 确定目标顾客及其需求

即使是琳琅满目的百货商场，也无法吸引所有人。换言之，连锁企业只能将商品或服务提供给部分顾客。因此，连锁企业在进行商品定位前，需要确定自己的目标顾客，并精准把握该群体的需求，即"我要把商品卖给哪些顾客""这些顾客有哪些需求"。

在确定目标顾客及其需求时，连锁企业可以从地理分布、收入状况、人口结构、心理因素等方面进行分析。

（1）地理分布。在气候、地形、水源等自然因素的影响下，不同地区的居民会形成不同的生活习惯，进而产生不同的消费习惯和偏好。例如，鲜甜滋补的广式餐饮在喜爱辛辣的川渝地区受到冷遇。

（2）收入状况。顾客的消费水平在很大程度上受收入的影响。一般来说，收入水平越高，收入越稳定，则顾客的消费意愿越强，消费水平越高。

（3）人口结构。年龄、性别、职业、家庭状况、受教育程度的不同均会影响顾客的需求。因此，连锁企业需要根据市场的人口结构，发掘目标顾客最典型、最广泛的需求及潜在需求。

（4）心理因素。价值观、生活态度和心理倾向等因素也会影响顾客的需求。例如，年轻人对价格的敏感度较低，具有追求休闲、时尚和个性化的消费心理，若连锁企业在他们聚集的商业区开设门店，其商品定位就需要迎合他们的价值观和消费观。

3. 分析市场风险和竞争状况

在市场开放的情况下，企业可以自由进出市场。因此，在商品定位中，连锁企业不仅要考虑市场风险，还要考虑现实和潜在的竞争对手，避免参与激烈的市场竞争。

（三）商品定位的策略

1. 避强定位

避强定位是指连锁企业在市场竞争中为避免与实力较强的企业正面对抗，而将自己的商品定位于另一区间，在商品种类和价格等方面与对手形成明显差别的定位策略。避强定位有利于连锁企业在市场上立足，降低竞争风险，但有可能导致企业错失较好的市场机会，处于不利的市场站位。

2. 对抗定位

对抗定位是指连锁企业为获得较好的市场站位，选择与其他实力较强的企业正面对抗，将自己的商品定位于对手所处市场区间的定位策略。对抗定位有利于连锁企业在竞争中吸引顾客的注意并获得理想站位，但这种定位策略需要承担较大的风险。

3. 创新定位

创新定位是指连锁企业寻找新的、尚未占领市场的，或具有潜在需求、可以填补市场空缺的商品的定位策略。例如，盒马鲜生超市的商品定位填补了零售市场中营养、有机的高品质生鲜商品这一区间。

4. 重新定位

重新定位是指在商品定位失误，或最初定位无误，但外部环境产生较大变化（如顾客偏好发生变化、竞争对手抢占市场等）造成企业经营困难的情况下，连锁企业重新规划自身商品结构的定位策略。重新定位是连锁企业为更好地进行市场竞争而采取的一种以退为进的策略。

二、商品分类

商品分类是指连锁企业出于管理和统计目的，根据生产和流通的需要，以商品的某些特征为依据，对商品进行划分和归纳，将性能趋于一致的商品归为一类集合体，并逐渐缩小范围，使商品呈现体系化和差异化的过程。商品分类既有利于连锁企业进行经营管理，也有利于连锁企业简化商品的生产和流通过程。

（一）商品分类的层次

1. 大类

大类是最基础的商品分类，能够体现商品在生产和流通领域中的定位，一般以商品最本质的特征为依据进行划分，如畜产品、化工品、电器等大类。

2. 中类

中类是依据商品的某些相似特征，如用途、产地等，对商品大类做进一步分类。例如，畜产品大类下可以分乳制品、肉制品、蛋类等中类。

3. 小类

小类是在中类的基础上细分出来的类别，可以依据商品的成分、包装规格或用途进行划分。例如，肉制品中类下可以分牛肉、猪肉、鸡肉等小类。

4. 单品

单品是商品分类中的最小层级，无法进一步细分，能够体现商品的规格、等级等特征。例如，猪肉小类下可以分五花肉、里脊肉、前腿肉、后腿肉等单品。

商品分类和编码

在实际经营中，连锁企业一般会依据不同的分类层次对商品进行分类和编码，以便日常销售、查找和统计，如表 2-1 所示。

表 2-1　商品分类和编码

编码	大类	编码	中类	编码	小类	编码	单品
01	水产	0101	淡水鱼	010101	活淡水鱼	010101001	鲤鱼
						010101002	草鱼
						010101003	黑鱼
				010102	冰鲜淡水鱼	010102001	鲢鱼
						010102002	武昌鱼
		0102	海水鱼	010201	……	010201001	……

（二）商品分类的方法

1. 按功能和用途分类

商品的核心价值在于满足人们的需求。按功能和用途进行分类，能够较好地展示商品的使用价值，是应用较广泛的一种商品分类方法。它不仅适用于商品大类的划分，也适用于商品小类的划分。一般来说，加工商品都是按照功能和用途进行分类的，如鞋类商品分为运动鞋、凉鞋、拖鞋等。

按功能和用途分类的方法有利于顾客根据需求寻找、选购商品，比较同类商品，但不适用于具有多种功能的商品。例如，一次性手套既有卫生防护功能，也有辅助家务劳动的功能，用此方法分类反而不便于顾客选购。

2. 按原材料分类

原材料是决定商品性能的重要因素。一般来说，商品为原料、未加工品或半成品的，适合按照原材料进行分类。例如，粮食类商品可以按照原材料的不同分为面粉、大米等。

按原材料分类的方法适用于原材料明确、简单且能对商品性能起决定作用的商品。它能反映出各类商品的本质特征，也便于连锁企业进行运输和储存。但这种方法不适用于原材料复杂且主要原材料不明确的商品，如电视机、洗衣机等。

3. 按生产方式分类

有些商品即便采用相同的原材料，也会因不同的生产方式展现不同的特征，从而形成不同的品种。对于这类商品，按生产方式分类的方法便于区分它们的生产过程和工艺，突出商品个性。例如，将鸡肉熟食商品分为烤鸡、炸鸡等类别，能够较好地展现鸡肉熟食的多元化烹饪方式，满足顾客的不同需求。

需要注意的是，按生产方式分类的方法不适用于生产方式不同但功能相似的商品。例如，按生产方式的不同，布偶可分为手工制作的布偶和机器生产的布偶，但它们的功能相似，即作为玩具供人娱乐。

同一商品的不同分类方法

在实际生活中，商品分类的方法往往不是固定的。不同连锁企业可能对同一商品采取不同的分类方法，如图 2-1 所示。

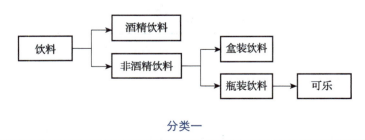

分类一

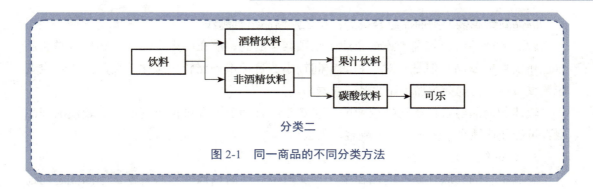

分类二

图 2-1 同一商品的不同分类方法

三、商品组合

商品组合是指商品经营结构，即一个经营单位全部商品的集合和结构，包含多个商品系列或商品线。商品系列是指关系密切的成组或成套商品。例如，牛肉和羊肉是替代性商品，笤帚和簸箕是互补性商品。在实际生活中，商品组合可以理解为连锁企业为满足顾客需求，将同类或不同类商品进行搭配销售的方式。

（一）商品组合的目的

连锁企业通过系统地、有秩序地整合商品，能够为统计、分析销售数据提供便利，为商品决策提供依据，进而满足企业的经营管理需要。通过商品组合，连锁企业可以了解顾客的偏好，分析当前商品配置的合理性，优化商品结构。

（二）商品组合的内容

连锁企业既要结合自身的资金实力、业态、市场定位等因素，选择与自身条件和发展方向相符合的商品组合形式，又要紧跟顾客的脚步，不断调整和优化现有的商品组合。一般来说，商品组合可以从其广度、深度、关联性 3 个方面进行考虑。

1. 商品组合的广度

商品组合的广度是指连锁企业经营的商品大类的多少。商品大类比较多，则商品组合比较宽；商品大类比较少，则商品组合比较窄。

较宽的商品组合能够占据更高的市场份额，有利于满足更多顾客的需求。同时，较宽的商品组合可以使连锁企业的销售业绩分摊到更多的商品上，进而弥补某种商品的滞销亏损，在一定程度上降低了经营风险。但是，较宽的商品组合要求连锁企业具备较高的经营水平，避免因管理不善造成经营混乱。

较窄的商品组合有利于连锁企业集中经营，降低采购、运输等经营成本，形成企业特色。但较窄的商品组合会降低企业的抗风险能力和应变能力。

2. 商品组合的深度

商品组合的深度是指连锁企业的每类或每个系列商品中的商品数量。商品系列越完整，商品数量越多，则商品组合越深；反之，商品组合越浅。

较深的商品组合有利于连锁企业满足顾客全面的、潜在的需求，使顾客更容易买到自己所需要的商品。但是，对于利润空间较小、目标市场比较边缘化的商品，连锁企业应慎重布局，否则会增加企业的经营成本。

较浅的商品组合便于连锁企业的经营管理，有利于大批量销售商品。但较浅的商品组合可能使连锁企业流失一部分顾客，失去市场。

3．商品组合的关联性

商品组合的关联性是指商品在生产、流通中展现的相似性和联系性。不同业态的连锁企业商品组合的关联程度不同。例如，连锁美妆店的商品组合的关联性较强，而大型商场或百货公司的商品组合的关联性较弱。需要注意的是，商品组合的关联性强弱并不是评判企业经营效益好坏的标准。例如，虽然大型商场的商品组合关联性弱，但它如果有较高的商品管理水平，依然能获取较大利润。

四、商品群设计

商品群是指连锁企业根据经营理念和销售情况，创造性地将某些商品集合在一起，形成的商品群落或单位。商品群既可以是常规的，也可以是出人意料的，其目的是挖掘顾客的潜在需求。

（一）商品群的组成

1．主力商品

主力商品又称"主要商品"，是具有鲜明特点，承担连锁企业主要销售业绩的商品。主力商品能够满足顾客最强烈、最基本的需求，对顾客具有较强的吸引力，被购买的频率较高，所占市场份额较大。但是，主力商品不是一成不变的，会随着消费潮流或季节更替等发生变化。例如，饮品店夏季主打消暑降温的冰饮、冰激凌等商品，冬季主打驱寒保暖的热牛奶、热茶等商品。

2．辅助商品

辅助商品是与主力商品有一定关联性，能够配合销售策略，对主力商品的功能、价格、品牌进行补充的商品。连锁企业一般会选择物美价廉或常备的日用品作为辅助商品，扩大目标顾客的范围，拓宽商品群边界。例如，大型家纺商场主要销售床上用品、窗帘布艺、地毯地垫等商品，同时配备纽扣、针线等与主力商品具有关联性的小商品。

3．联想商品

联想商品是顾客在主力商品和辅助商品搭建的场景中常常联想到的商品，或顾客在商家的引导下产生联想，产生购买欲望的商品。例如，服装区陈列的发饰、胸针、腕表等商品，使顾客联想到整体的服饰搭配，从而产生兴趣并进行消费。

4．刺激性商品

刺激性商品并不是必需品，而是连锁企业为刺激顾客进行冲动消费而设置的商品。刺激性商品一般品种不多，但能够促进顾客的整体消费。例如，在杂货家居商店中，商家以"卧室"为主题打造一个商品群。其中，床上用品、家居服等是主力商品，香氛、精油等则作为刺激性商品，用以营造氛围，激发顾客额外的消费兴趣。

（二）商品群的设计方法

商品群是连锁企业的重要经营策略和业绩增长点，可以是同类商品组合，也可以是跨类商品的重新组合。商品群是一个非标准化的模式，连锁企业可以根据季节变化、节假日等进行设计。

1．按季节设计

季节变化会给顾客带来不同的消费需求和消费环境。因此，在满足顾客基本需求的基础上，连锁企业可以根据不同的季节设计商品群。例如，夏季设计凉席、灭蚊剂、清凉饮料等夏令商品群，冬季设计保暖内衣、电热毯、取暖器等冬令商品群。

2．按节假日设计

随着居民生活水平的提高和可支配收入的大幅增长，"假日经济"越来越火爆。在节假日，人们通常会更多关注家庭、社交和休闲活动。因此，连锁企业可以按照各个节日的含义和消费热点设计商品群，以满足顾客的不同需求。例如，情人节将鲜花、巧克力、情侣对戒等商品组成一个商品群；春节将红包、对联、灯笼等商品组成一个商品群；端午节将艾叶、粽子、香囊等商品组成一个商品群。

3．按消费习惯和便利性设计

按消费习惯和便利性设计商品群，主要是为了迎合顾客的生活习惯，便于顾客选购商品。例如，超市可以将沐浴露、香皂、洗发水等同类商品列为一组进行陈列，也可以将啤酒、开瓶器、酒杯等不同类商品列为一组进行陈列。

经营案例

啤酒和尿不湿

20 世纪 90 年代，沃尔玛的管理人员在分析销售数据时发现了一个特别的现象——啤酒与尿不湿这两件商品经常会出现在同一笔消费记录中。

这种独特的销售现象引起了管理人员的注意，经过后续调查发现，其出自"奶爸"这一群体。在美国有婴儿的家庭中，婴儿的母亲常常在家照看婴儿，派婴儿的父亲前往超市购买尿不湿。"奶爸"们在购买尿不湿的同时，往往会顺便为自己购买啤酒，于是就出现了这种独特的商品搭配。发现这个秘密后，沃尔玛大胆地把尿不湿摆放在啤酒旁边，方便"奶爸"们购买。结果，两者的销量双双上升。

4. 按价格设计

在生活中，人们经常能见到超市或商场门口有醒目的"9.9元专区"，这实质上就是按价格设计的商品群。这种方法是将相似价格的不同商品聚集到一起，形成固定价格的百货专区，进而刺激顾客的购买需求。

5. 按品牌或供应商设计

当某个品牌成为热点或连锁企业与某个品牌达成促销合作关系时，门店通常会将该品牌的所有商品进行组合陈列。例如，超市将"××乳业"旗下的牛奶、奶粉、冰激凌、奶酪等商品陈列在同一区域，组成"××乳业"品牌商品群。

经营互动

在中国农历新年来临之际，为满足大众对特色年夜饭的需求，某连锁企业与多家餐饮名店联手，推出"整席解决方案"，将地方特色菜系汇聚一桌。这种创新的商品组合设计，能够让大家轻松吃遍全国各地美食。

关于商品群设计，你还能想到哪些好的创意？请结合材料和商品群设计的相关知识，说一说你的想法。

任务考核

一、不定项选择题

1. （　　）不属于常用的商品分类方法。

    A. 按功能和用途分类   B. 按原材料分类

    C. 按生产方式分类   D. 按大小分类

2. 下列不属于商品组合内容的是（　　）。

    A. 商品组合的广度   B. 商品组合的深度

    C. 商品组合的高度   D. 商品组合的关联性

3. 假设牛肉的编号为0201，猪肉的编号是0202，那么畜产品的编号应为（　　）。

    A. 01   B. 02

    C. 0203   D. 20

4. 连锁企业常用的商品定位策略有（　　）。

    A. 避强定位   B. 创新定位

    C. 对抗定位   D. 重新定位

5. 在连锁企业中承担主要销售业绩的商品是（　　）。

    A. 主力商品   B. 辅助商品

    C. 联想商品   D. 刺激性商品

二、简答题

1. 简述商品定位的要点。

2. 简述商品分类的层次及方法。

任务二　开展商品采购

沃尔玛的商品采购

  沃尔玛于 1962 年成立，主要涉足零售业。经过数十年的发展，沃尔玛遍布全球十几个国家，成为一家世界性连锁企业。

沃尔玛的商品采购

  在企业建立之初，沃尔玛并没有自己的采购部门，其采购业务委托给了第三方代理商。21 世纪初，为吸纳全球商品，沃尔玛对企业的商品采购策略进行了一系列调整和优化。

  一是收回商品采购权，建立全球采购中心，全权负责企业的采购业务；二是加强供应商审核，并拒绝任何形式的商业贿赂。在这种采购模式下，全球采购中心一方面广泛了解市场和门店的需求，另一方面选择和审核供应商，扮演"中间服务者"的角色。各门店则向全球采购中心提出建议、做出反馈，但没有商品采购权。全球采购中心和各门店既各司其职，又环环相扣，大大提高了商品采购效率。

  近年来，电商的迅猛发展使实体零售业受到巨大的冲击。为进一步降低采购成本，保持价格优势，沃尔玛再次调整了商品采购策略，即跳过上游代理商或经销商，直接与商品生产商合作。这一举措不仅大大缩短了商品供应链，还能以较大的商品采购规模获取议价优势，继续保持低廉的价格，且使竞争对手难以跟进。靠着物美价廉的商品，沃尔玛得到了市场的认可，并取得了巨大的商业成功。

  沃尔玛的商品采购策略受到哪些因素的影响？

一、商品采购的方式

商品采购不只是简单地把商品买回来，而是在合适的时间、地点，以合适的价格购买合适数量、品质的商品。商品的采购方式直接决定了商品的成本和销售价格。因此，连锁企业需要根据自身的经营特征选择合适的采购方式。在实际经营中，连锁企业常用的商品采购方式主要有以下 3 种。

（一）集中采购

集中采购又称"统一采购"，是连锁企业设立专门的机构和人员负责商品采购的一种采购方式。集中采购是连锁经营规模化的体现，也是连锁企业应用最广泛的一种采购方式。在集中采购方式下，各门店没有采购权，只负责商品销售。

1. 集中采购的优点

（1）降低进货成本。一般来说，集中采购集合了多个门店的采购需求，采购量较大，连锁企业以此作为议价资本，能够获得较大的商品折扣，降低进货成本。需要注意的是，集中采购不等于大规模采购，不反映数量关系。也就是说，若采购权属于各门店，即使连锁企业采购的规模较大，这种形式也不能视为集中采购。

（2）降低物流成本。在集中采购方式下，连锁企业往往会设立专门的配送中心，对商品进行集中储存和配送。配送中心的运载量大，专业化运作程度高，能够有效减少商品损耗，降低运输和仓储成本，为连锁企业提供更大的利润空间。

（3）规范工作流程。在集中采购方式下，连锁企业会安排专门的采购人员，并制定规范的采购流程，这样有利于连锁企业进行内部约束，避免采购环节中出现商业舞弊现象。

（4）提高工作效率。集中采购是职能专业化的一种体现。在购销分离的情况下，采购部门的人员专注于商品采购，为连锁企业筛选供应商、洽谈采购业务；门店工作人员专注于商品销售，以提高门店销售业绩。这样一来，连锁企业的商品管理效率和经营水平都能够得到提升。

2. 集中采购的缺点

（1）灵活性不足。连锁企业的规模越大、门店数量越多、销售范围越广，对商品的要求就越多。集中采购缺乏灵活性，难以满足不同地区门店的特色和差异化采购要求。

（2）购销脱节，责任模糊。集中采购分离了商品采购和销售，不利于商品管理的连续性。假如门店经营业绩不佳，出现滞销商品，连锁企业很难判断责任属于采购部门还是门店，造成责任追溯和划分不清晰的问题。

（3）不利于部门协调合作。在集中采购方式下，采购部门和门店成为相对独立的单位，双方在业务合作和协调上需要花费更多的时间和精力，若是无法达成共识，则会增加连锁企业的内部沟通成本。

（二）分散采购

分散采购与集中采购相对应，是连锁企业将采购权下放给各门店，由各门店自行组织商品采购的一种采购方式。在连锁经营中，分散采购也有自身的优势和不足。

1. 分散采购的优点

（1）因地制宜，体现商品结构的差异化。分散采购可以使各门店根据自身情况调整商品结构，并对商品数量和种类进行合理的取舍，优化商品结构。

（2）反应灵敏，紧跟市场变化。在分散采购方式下，各门店的购销责任紧密联系，大大缩短了商品采购的周期。各门店可以自行补货和退货，及时调整库存，从而提高商品的流转率。此外，各门店还可以对市场上新出现的畅销商品迅速做出反应，紧跟市场变化。

（3）权力下放，激发门店人员的积极性。分散采购赋予门店人员更大的权力，体现出总部对他们的信任，能够激发门店人员工作的积极性和责任感。

2. 分散采购的缺点

（1）不利于经营统一化。在分散采购方式下，各门店自行采购商品，可能导致各门店的商品有所不同。商品不同，不仅不利于维护连锁企业统一的形象和商品结构，而且使连锁企业很难执行统一的销售计划和促销活动，不利于贯彻其经营管理的统一化原则。

（2）采购过程和成本难以控制。采购权的过度分散使连锁企业难以核查所有采购业务，因而难以杜绝照顾亲友、商业回扣等舞弊现象。同时，分散采购常用于小额采购，使连锁企业失去了大规模采购的成本优势，不利于降低采购成本。

（三）混合采购

混合采购是集中采购和分散采购相结合的方式。在混合采购方式下，采购权一部分归属采购部门，一部分归属各门店。一般来说，需求量大、价值高、需跨地区采购的商品由采购部门统一采购；需求量小、价值低、本地可得或临时需要的商品由各门店自行采购。混合采购常用于连锁餐饮业，即门店设备由总部统一采购，新鲜的食材由各门店自行采购。

需要注意的是，虽然混合采购集合了集中采购与分散采购两种方式的优点，但并不意味着这种采购方式就是完美的，它也可能导致采购活动中权责不明和业务交叉等问题。

🧠 经营案例

盒马鲜生的商品采购

盒马鲜生是一家经营生鲜商品的新零售商超。为了向顾客提供新鲜的食品，盒马鲜生通过原产地直采和本地直采两种方式，打造其供应链体系。

在原产地直采中，采购团队会到世界各地寻找优质货源，并前往产地筛选、质检和采购各类优质生鲜商品，再通过冷链运输把商品运至各门店。

本地直采则针对日常消费大类的蔬菜及肉类商品，商超直接与本地企业合作，采购当日采摘或宰杀的生鲜商品，当日销售，确保"日日鲜"。

二、商品采购的业务流程

广义的商品采购包含了连锁企业获取销售资源的全部过程，即从连锁企业制定采购制度到商品入库的全部环节，如图 2-2 所示。狭义的商品采购是指连锁企业与供应商开展交易活动的过程，主要是指执行采购计划阶段的各个环节，即审核供应商、议价谈判、签订采购合同、稽核与验收商品、付款结算等。

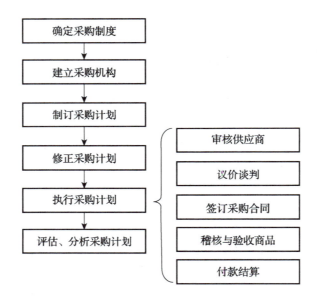

图 2-2　商品采购的业务流程

（一）审核供应商

连锁企业在确定供应商之前往往会与多个待选供应商进行接洽和谈判，并对其进行综合的比较和评估，从中挑选出最佳的合作伙伴。一般情况下，连锁企业会从综合实力、交易便利性、报价等方面对待选供应商进行考察。

1. 综合实力

获取安全、质量稳定的商品是连锁企业采购商品的首要要求。在选择供应商时，连锁企业首先应考虑供应商能否提供既符合国家标准也符合企业自身要求的商品。因此，连锁企业需要就生产和供货能力、履约能力、商业资质和企业信誉等内容对供应商进行背景调查和核验。

2. 交易便利性

连锁企业需要对比、评估与供应商交易的便利性，包括支付方式、交货时间和地点、运输方式等。此外，连锁企业还需要考虑自身能否接受供应商开出的附加条件。例如，供应商为连锁企业提供商品，要求该商品的市场零售价不得超过某个价格。

3. 报价

价格是影响商品采购的主要因素。在考察待选供应商时，连锁企业可以向供应商询价，然后根据采购预算和供应商报价确定供应商。报价若在预算范围内或与预算相差不远，则连锁企业可以与供应商进一步议价；若超出预算过多，则连锁企业可以直接放弃该供应商。

（二）议价谈判

为提升利润空间，降低采购成本，连锁企业会与供应商进行谈判，以获得理想的采购价格。一般情况下，连锁企业的谈判人员与供应商谈判前应做好以下准备。

1. 了解商品和供应商

"知己知彼，百战不殆"，想要获得谈判的成功，谈判人员就需要在谈判前对商品和供应商进行充分的了解和分析，从而争取自身利益最大化。

2. 找到共识，强调自身优势

商务谈判本身是一种争取物质利益的对抗性活动。为达成合作目标，谈判人员在谈判中应该规避利益冲突，倾听对方意见，寻找双方的共赢点。因此，谈判人员应事先罗列出自身的议价资本，如商品采购数量、商品销售状况和企业实力等，尽量在做出最小让步的情况下解决对方异议，统一双方意见，为取得良好的议价效果做好铺垫。

3. 选择有利环境

不同的谈判地点和时间对谈判结果会产生不同的影响。例如，连锁企业作为东道主，在己方地点谈判，可以调动更多资源，免于舟车劳顿，但需要承担安排议程、迎来送往的责任。又如，非正式的谈判场合有利于谈判双方放下戒备、增进感情，但不适用于争取核心利益的谈判阶段。因此，连锁企业需要根据谈判内容和难度选择对自己有利的环境。

（三）签订采购合同

谈判结束后，连锁企业应与供应商签订采购合同。采购合同一般包括以下几个方面的基本内容：① 当事人双方信息，包括名称、地址等；② 标的物信息，包括商品名称、型号、单价、生产厂家等；③ 质量、数量和包装；④ 价款和报酬，包括折扣、佣金、优惠等；⑤ 履行期限、地点和方式，如交货时间、运费分摊方式、运输方式等；⑥ 违约责任；⑦ 退货与质保等；⑧ 解决争议的方法。

（四）稽核与验收商品

采购的商品到达连锁企业仓库或门店后，相关责任人（库管员、理货员等）应以采购合同为依据，对商品的数量、质量、规格等进行查验，核对并保存相关凭证。一般来说，商品验收采取责任制，相关责任人需要对收货时间、数量进行记录。若商品验收过程中出现问题，责任人应当及时与供应商或运输部门进行沟通；若商品与采购合同中约定的信息不符，责任人应当依据合同内容办理退货或盖购。

（五）付款结算

在商品确认无误的情况下，连锁企业应当遵照采购合同，及时向供应商支付货款。在实际经营中，连锁企业可采取一次性付款、分期付款、预付款等方式进行付款。

商品日常采购与供应商管理

连锁企业一旦与供应商签订采购合同，往往意味着双方形成了长期合作关系。因此，连锁企业再次采购时不必重新选择供应商。在这种情况下，商品采购的主体业务转变为日常订货、收货、验货等。但是，连锁企业需要对供应商开展常态化的监督和评价。为更好地管理供应商，连锁企业可以建立供应商评价表（见表2-2），对其供货能力和履约状况进行记录和评分。

表 2-2　供应商评价表

项目	评价				得分
	A（10 分）	B（8 分）	C（4 分）	D（2 分）	
缺货率	2%以下	2%～5%	5%～10%	10%以上	
配送能力	准时	偶误	常误	极常误	
商品畅销程度	非常畅销	畅销	一般	滞销	
退货服务	优秀	良好	合格	极差	
……	……	……	……	……	
合计					

任务考核

一、不定项选择题

1. 连锁企业的采购方式有（　　　）。
   - A. 集中采购
   - B. 混合采购
   - C. 兼并采购
   - D. 分散采购

2. 集中采购的优点表现在（　　　）。
   - A. 采购灵活性强
   - B. 降低进货成本
   - C. 降低物流成本
   - D. 体现商品的差异化

3. 在议价谈判前，连锁企业应做到（　　　）。
   - A. 制造利益冲突
   - B. 窃取对方机密
   - C. 找到共识
   - D. 选择有利环境

4. 连锁企业商品采购的业务流程包括（　　　）。
   - A. 审核供应商
   - B. 稽核与验收商品
   - C. 签订采购合同
   - D. 付款结算

5. 分散采购的缺点表现在（　　　）。
   - A. 灵活性不足
   - B. 采购过程和成本难以控制
   - C. 无法紧跟市场变化
   - D. 购销脱节，责任模糊

二、案例分析题

请阅读以下案例，并回答问题。

杨国福是一家中式麻辣烫连锁餐饮企业，拥有6 000余家直营店和加盟店。为保证菜品质量，杨国福绝大部分的菜品供应商由总部的采购部门负责审核。门店可以通过企业内部采购平台——YGF2.0订货App采购所需商品；供应商接单后会将菜品发往门店，如图2-3所示。

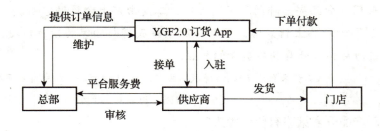

图 2-3　杨国福商品采购的业务流程

（1）杨国福选用了哪种采购方式？该方式有什么优点？

（2）各门店所需的哪些食材，可以不通过上述方式采购？为什么？

任务 三 开发与淘汰商品

 任务导入

海底捞的产品上新策略

四川海底捞餐饮公司（以下简称"海底捞"）成立于 1994 年，经过多年发展，在国内拥有超过 1 300 家门店，成长为颇具特色的火锅餐饮连锁企业。

在新品开发方面，海底捞基本保持着一年两次的固定上新频率，产品内容涵盖锅底、荤菜、素菜、甜品、饮品等多个品类。此外，海底捞还将新产品开发划分为全国和区域两个体系。全国所有门店统一上新，旨在让美味的新品被更多顾客认可；区域门店上新则针对特定区域顾客的饮食习惯，只在某个区域范围内上新，并根据上新状况考虑是否向全国门店推广。

自 2021 年起，海底捞每年都会举办"新品品鉴会"，并邀请会员顾客共同品尝，提出建议。海底捞产品部负责人称，海底捞有两个新产品研发团队，一是企业内部团队，包括产品研发部门、食品安全部门和采购部门；二是由广大会员顾客组成的"智囊团"。这种"用户共创"的产品上新策略，无疑加深了海底捞与顾客的情感链接，吸引了一批批新老顾客走进海底捞，开启品鉴美食的旅程。

（资料来源：李欣，《海底捞集中上新 11 款新品，从战略层面提升产品创新，
增强复购提振消费》，财经网，2022 年 11 月 3 日）

海底捞的新产品开发策略有什么优势？

一、新产品开发

新产品开发是从研究市场所需要的产品到将其投入生产的一系列决策过程，包括产品设计、工艺制造设计等活动。新产品开发是连锁企业经营的重点内容，也是连锁企业生存和发展的战略核心之一。广义的新产品开发既包括新产品的研制，也包括引入新产品，还包括对原有产品的改进和换代。

（一）新产品的开发方式

1. 独创开发

独创开发是指连锁企业独立研制、自行开发新产品的开发方式。一般来说，独创开发要求连锁企业具备较强的研发能力及专业的研发团队。

新产品开发案例

2. 引进开发

引进开发是连锁企业在新产品开发中最常用的一种开发方式。连锁企业可以直接将其他企业畅销商品的技术应用到自己的产品设计中，开发新产品。引进开发的成本较低，但不利于连锁企业形成自己的独特优势和产品系列。

★ 经营贴士

> 引进开发中的技术引进通常包括技术购买、聘请专家、合作开发、委托等方式，而不包括技术窃取和抄袭。

3. 改进开发

改进开发是指连锁企业在原有商品的基础上对商品做出改进的开发方式。例如，生活中常见的"××第二代"，就是通过改进原有商品而开发的新产品。

4. 结合开发

结合开发是将引进开发和独创开发相结合的开发方式。例如，连锁企业参照其他企业产品的设计工艺，自行设计了产品外观。

（二）新产品的开发程序

1. 调查研究

开发新产品的目的是不断满足顾客需求，更好地销售商品。因此，连锁企业的新产品开发应当立足顾客需求，广泛了解顾客意愿。

2. 构思创意

创意是开发新产品的关键。在了解顾客需求的基础上，连锁企业需要集思广益，构思产品创意。产品创意的来源既可以是企业内部的产品研发人员或销售人员，也可以是企业外部的其他人员。一般情况下，产品创意的形成需要经历以下 3 个阶段。

（1）构思新产品。在这一阶段，产品大多只是一个概念。

（2）筛选和改良产品创意。连锁企业需要评估产品创意与自身风格的贴合度及实施的可行性。在这一阶段，产品从概念走向实物。

（3）评估新产品的实用价值，即商品能否被市场接受。这一阶段是产品市场化、商品化的过程，其结果直接决定了产品的市场价值。

3．产品设计

产品设计标志着新产品开发进入实质阶段。产品设计一般包括方案设计、技术设计和图样设计 3 个方面。

（1）方案设计是对产品设计的总体部署，包括产品要求、标准、用途、性能指标及其他参数。

（2）技术设计是对新产品生产工艺的设计，包括设计产品的工艺过程、误差控制方法等。

（3）图样设计是为新产品投产做准备，主要为新产品设计具体的图样，方便生产厂家检验新产品并扩大生产。

4．试制与准备

连锁企业并不会将设计的新产品直接投入大规模生产，而是先生产少量样品，用于检查产品是否存在工艺问题、质量是否过关等。样品检验合格后，连锁企业会进行小批量生产，检查工艺是否稳定，或通过试销等手段评估产品的市场价值。例如，饮品店推出的新品试饮活动，就是商家邀请顾客品鉴，从而改进新产品的过程。

同时，连锁企业需要为新产品建立生产技术合格的生产线，包括设备、技术人员等。若将生产外包给其他生产厂家，连锁企业则需要评估生产厂家的相关资质，督促其建立生产线，并准备投入生产。

5．生产与销售

在生产阶段，连锁企业要做好一系列准备工作，如拟订生产计划、管理设备与人员、统筹物资供应等。在销售阶段，连锁企业需要考虑如何把新产品引入市场，即对促销方式、价格策略、销售渠道等做出决策。

二、滞销品淘汰

滞销品是指现有存货中因持续销售不佳而必须淘汰的商品，以及连锁企业推出新的替代商品后停止生产的商品。滞销品过多不仅会降低企业的经营业绩，还会阻碍畅销商品的陈列和销售，是连锁企业经营中必须铲除的"毒瘤"。

（一）确定滞销品的方法

1. 销售量淘汰法

销售量淘汰法主要用于淘汰一段时间内销售数量不达标的商品，如将月销售量未达300件的商品予以淘汰。

2. 销售额淘汰法

销售额淘汰法主要用于淘汰销售金额不达标的商品。例如，对于单价较低的商品，虽然其销售量达标，但销售额低、利润微薄，连锁企业可通过销售额淘汰法予以淘汰。

3. 质量淘汰法

质量淘汰法主要用于淘汰不符合各项国家标准或存在质量问题的商品。一般来说，凡是被商品质检部门或卫生部门认定为不合格的商品，无论是不是滞销品，原则上都应予以淘汰。

经营案例

曾经的"网红"食品销声匿迹

央视"3·15晚会"曝光了多家酸菜加工企业的生产环境问题，引起居民的广泛关注。事件发生后，相关部门立即对涉事企业进行了查处。一时间，多个品牌方便面企业也被送上风口浪尖。永辉、大润发等大型连锁超市紧急下架相关商品。曾经的"网红"食品，如今在各大超市及平台已难见其踪迹。

4. 人为淘汰法

人为淘汰法是一种以非客观的衡量标准为依据的商品淘汰方法。例如，某商品的销售数量和销售金额均达标，但其仓储或管理难度大，易造成质量不稳定或常常缺货，从而引起顾客的不满。对于这类商品，连锁企业可以经过内部人员投票表决后予以淘汰。

（二）滞销品的淘汰程序

1. 列出滞销品淘汰清单

在决定淘汰滞销品后，连锁企业应根据一定的淘汰原则，列出滞销品淘汰清单。滞销品淘汰清单需要经过总部或门店负责人批准。

2. 确定淘汰数量和时间

在确定要淘汰的滞销品后，各门店需要清点门店中待处理的滞销品数量，并对滞销品数量及金额进行记录和汇报。在总部或上级领导确定淘汰时间后，各门店统一进行下架处理。

3. 办理财务手续

淘汰滞销品需要完善相关财务手续。例如，当商品退回给供应商时，连锁企业可以优先抵扣货款；如果没有可抵扣的货款，则应通知供应商退款，并通知财务部门进行相关账务处理。

4．确定淘汰方式

一般来说，为减少损失，连锁企业并不会直接销毁滞销品，而是将其退回给供应商，或作为促销活动赠品赠送给顾客，或作为福利发放给企业内部员工等。在实际经营中，连锁企业需要选择一种恰当的方式处理滞销品。

5．统一淘汰作业

在选择具体的淘汰方式后，连锁企业需要对滞销品进行统一处理。例如，将滞销品退回给供应商，连锁企业则应通知供应商在约定时间内取回商品；将滞销品作为促销活动赠品，连锁企业则应制定赠送方法和活动内容，以便各门店执行。

6．查明滞销原因

为避免再次引入滞销品，连锁企业需要分析滞销品的形成原因，以便管理其他类似商品或调整企业的商品结构。

7．做好淘汰记录

滞销品的形成和处理是连锁企业经营中的宝贵经验和教训。因此，处理完滞销品后，连锁企业需要记录滞销品及其形成原因、淘汰时间、数量和亏损状况等，留下档案资料，以便今后查阅。

任务考核

一、不定项选择题

1．新产品的开发方式有（　　　　）。

    A．独创开发　　　　B．引进开发　　　　C．改进开发　　　　D．结合开发

2．下列不属于滞销品淘汰环节的是（　　　　）。

    A．列出滞销品淘汰清单　　　　　　　　B．确定淘汰人员

    C．确定淘汰数量和时间　　　　　　　　D．做好淘汰记录

3．新产品的开发程序包括（　　　　）。

    A．试制与准备　　　　B．构思创意　　　　C．生产与销售　　　　D．调查研究

4．连锁企业可以通过（　　　　）确定滞销品。

    A．自动淘汰法　　　　　　　　　　　　B．人为淘汰法

    C．销售额淘汰法　　　　　　　　　　　D．随机淘汰法

5．下列不属于技术引进的是（　　　　）。

    A．技术购买　　　　B．聘请专家　　　　C．合作开发　　　　D．技术抄袭

二、简答题

1. 简述新产品开发中产品设计的主要内容。

2. 简述质量淘汰法的内容。

项目实训

任务描述

　　全班学生以小组为单位，选择或设计一家企业（可以项目一中创办的连锁企业为背景），收集连锁企业商品管理的相关资料，然后结合所学知识完成以下任务。

　　（1）各小组在明确企业商品结构的基础上确定拟采购的商品及其数量，组织一次模拟采购活动。

　　（2）各小组拟定一份采购合同，要求要素完整、内容充实。

　　（3）小组成员分别担任采购部门人员和供应商，并合作开展谈判、签订采购合同、验收商品等活动。

任务目标

　　（1）理论联系实际，熟悉连锁企业商品管理的原理、方法和流程。

　　（2）提高语言表达能力和思辨能力。

　　（3）提高实践能力和职业素养。

任务分组

　　（1）全班学生以5~7人为一组，各小组确定企业和各项商品采购事宜。

　　（2）每组选出两名组长，一名担任采购部门经理，一名担任供应商代表。组长与组员共同进行任务分工，并将小组成员和分工情况填入表2-3中。

表 2-3　小组成员和分工情况

班级		组号		指导教师	
小组成员	姓名	学号	任务分工		
组长 1					
组长 2					

 任务实施

将实训任务的具体完成情况记录在表 2-4 中。

表 2-4　实训过程记录表

负责人、时间、任务分配	实施步骤
	1. 描述企业的商品结构,包括商品定位、商品分类、商品组合等
	2. 列举所需要的知识点
	3. 编写商品采购清单,列明商品名称、采购数量、零售价、采购预算等
	4. 制定议价和谈判策略
	5. 进行议价谈判,并记录谈判发言

续表

负责人、时间、任务分配	实施步骤
	6. 制作并签订采购合同
	7. 验收货物，并记录主要内容
	8. 针对本组采购的商品，设计一个创意商品群，并尝试构想一个新产品开发的思路
	9. 每组提交一份采购合同
	10. 记录实训中的心得体会或遇到的问题

学习成果评价

教师根据学生的课堂表现、实训过程表现和作业完成情况对学生进行评价，学生在教师指导下进行组内互评，师生共同填写学习成果评价表（见表2-5）。

表2-5 学习成果评价表

班级		组号		日期		
姓名		学号		指导教师		
学习成果						
评价维度	评价指标	评价标准		分值	评价分数	
					互评	师评
知识评价	理解知识	熟悉商品定位和商品群设计的相关知识		5		
		熟悉连锁企业商品采购的方式和业务流程		5		
		熟悉新产品开发、滞销品淘汰的相关知识		5		
	应用知识	能够运用所学知识，进行商品管理		5		

连锁经营与管理

续表

评价维度	评价指标	评价标准	分值	评价分数	
				互评	师评
能力评价	语言表达能力	具有清晰的表达思路，能够在谈判中与对方进行良好博弈	10		
	团队合作能力	能够配合团队其他人，进行有效的分工与合作	10		
	创新实践能力	能够分析实际生活中的问题，并提出解决问题的新方法	10		
素养评价	学习态度	能够积极参与课堂讨论，独立、按时完成任务考核与实训作业	5		
		能够投入时间和精力来学习，并享受学习过程	5		
	心理素质	能够正确面对他人批评，并保持良好的情绪，迎难而上，持之以恒	10		
	反思意识	能够对自身的学习状态和成效进行审视和反思，并及时总结经验，调整学习策略	10		
成果评价	采购合同	内容完整、丰富	10		
		符合实际的合同规范，具有实践价值	10		
合计			100		
总评		互评（30%）+师评（70%）=		教师（签名）：	

项目三

宾至如归
——连锁企业的顾客管理

项目导读

随着人们生活水平的提高和消费观念的变化，购物已经不再是简单的买卖过程，而是一种愉悦的休闲体验。越来越多的连锁企业开始注重改善购物环境和提高服务质量，以吸引更多的顾客。可见，顾客管理在连锁企业经营中的重要性越来越突出，而优秀的经营管理者必须具备与顾客打交道的本领。因此，本项目以顾客管理为主要内容，旨在帮助学生提高服务顾客的能力。

知识目标

（1）了解连锁企业顾客服务的基础知识及其策略。

（2）熟悉连锁企业顾客满意度调查的流程和方法。

（3）掌握连锁企业提升顾客满意度和忠诚度的方式。

能力目标

（1）能够根据工作需要，设计和优化顾客服务策略。

（2）能够灵活运用所学知识，解决顾客问题，处理顾客抱怨。

素养目标

（1）树立细心周到、关怀他人、以人为本的服务理念。

（2）通过沟通消除误会，确立互信的人际关系。

任务 一 提供顾客服务

任务导入

胖东来的顾客服务

胖东来商贸集团公司（以下简称"胖东来"）是一家连锁零售企业，其门店主要分布在河南省。从规模来看，胖东来在零售业中算不上佼佼者。但是，这家企业却凭借为顾客提供超出预期的服务和独特的企业文化成功破圈，成为零售业中的鲜活样例。

在胖东来，顾客即使不消费，也能享受到一系列服务。例如，胖东来的商场外设有车棚、停车场，为顾客提供存车、修车服务；电梯中设有电子等待屏，为顾客播放精美的纪录片；商场里设有文化墙、历史墙等，用以宣传企业文化；角落里设有休息座椅并放置免费的报刊供顾客翻阅。此外，胖东来还贴心地为特殊人群提供了轮椅、哺乳室、多功能卫生间等服务设施。

在消费过程中，顾客也能充分感受到胖东来的贴心。以食品为例，胖东来的食品安全检测中心每天早上都会对蔬果、熟食、鲜肉、糕点等食品进行专业的安全检测，并将结果公示在商场内显眼的位置。同时，许多食品旁边附有吃法、口感等信息。若购买的商品出现问题，胖东来会为顾客提供无偿退货和补偿服务。

对于顾客投诉，胖东来的处理方式充分体现了人文关怀。首先，胖东来毫不避讳地向顾客展示了完整的投诉流程和方式，并开发了留言板等投诉渠道，广泛收集投诉意见。其次，胖东来会公布顾客的投诉内容。这一举措既体现出胖东来对顾客投诉的重视，也彰显了胖东来改正的决心。此外，胖东来还设立了投诉奖，为提供良好建议的顾客颁发相应的奖金。

在日常生活中，你遇到过哪些让你很满意或者很生气的服务？为什么？

一、顾客服务

顾客服务是连锁企业在商品销售过程中关注和服务消费对象的一种经营理念和行为。顾客服务既包括对现实顾客的服务，也包括对潜在顾客的服务，它体现了"以顾客为中心，创造企业竞争优势"的核心思想。

（一）顾客服务的类型

以销售过程为依据，顾客服务可以划分为以下几个类型。

1．售前服务

售前服务是服务人员在商品销售之前所做的一系列准备工作，主要是为了将商品信息传递给顾客，从而促成交易。售前服务主要包括提供商品信息、整理与陈列商品、营造购物环境和氛围等。

2．售中服务

售中服务是服务人员为正在店中消费的顾客提供的服务。以零售业为例，售中服务主要包括接待顾客、介绍商品、办理交易手续、包装商品等。

3．售后服务

售后服务是服务人员在交易完成后为顾客提供的服务，主要是为了进一步提高顾客满意度。一般来说，商品交易完成就意味着销售活动结束，但部分商品需要附加服务，如送货、安装、质保与维修等。

经营贴士

> 　　除了以销售过程为划分依据，顾客服务还有其他分类方式。例如，按投入资源的不同，顾客服务可分为物质服务、人员服务、信息服务等；按顾客需求的不同，顾客服务可分为基础性服务、伴随性服务、补充性服务等。

（二）顾客服务的特征

1．无形性

与商品不同，顾客服务是由一系列人的活动组成的，是看不见、摸不着的，难以量化。

2．差异性

顾客服务的实施主体和客体都是人。服务人员各不相同，顾客的需求也不会完全一致。因此，顾客服务具有差异性。一般情况下，连锁企业服务人员的态度和素质显著影响着顾客服务的质量。

3．同步性

顾客消费的过程也是接受服务的过程，二者无法分离，且不分先后。

4．易逝性

顾客服务区别于商品，是不可储存和复制的。若服务出现问题，服务人员只能依靠事后弥补，无法重复服务过程。

（三）顾客服务的价值

从表面上看，顾客服务需要资金和人员的投入，对连锁企业来说是一种成本负担。但是，长期来看，顾客服务能够潜移默化地影响连锁企业的经营业绩，为企业带来发展机遇。具体来说，顾客服务的价值主要表现在以下几个方面。

1．树立企业形象

良好的口碑是最好的广告。服务人员服务顾客的过程，就是宣传企业经营价值和理念的过程。连锁企业在顾客购买商品的过程中为其提供关怀和帮助，能够提高顾客满意度，进而提高企业声誉，树立企业形象。

2．拓展新业务

顾客服务中往往蕴含着顾客的潜在需求，能够帮助连锁企业发现新的商机，拓展自身的业务空间。例如，宜家原本是家居用品连锁店，但是为满足顾客长时间购物的需求，逐渐开发了餐饮业务，形成了新的业绩增长点。

3．培养企业人才

连锁企业的服务人员为顾客提供服务的同时，能够不断深入地了解企业的商品和经营过程，提高个人素质和营销能力，从而更好地为企业创造价值。

4．保留和开发顾客群体

良好的顾客服务能够让顾客感到满意，从而使其留下来，成为连锁企业的固定顾客。同时，老顾客又能带动新顾客，不断扩大连锁企业的顾客群体。

经营互动

除了对企业有益，顾客服务对消费者和社会有哪些价值？

顾客服务对消费者和社会的价值

二、顾客服务策略

顾客服务策略是指连锁企业为了向顾客提供令他们满意的服务而对自身资源做出的一系列设计和改进。在市场竞争越来越激烈的情况下，连锁企业只有制定并不断优化顾客服务策略，才能使自身服务专业化、个性化、多元化、智能化，从而增强自身的竞争力。

（一）顾客服务策略的制定

1．了解顾客需求

顾客服务的出发点和落脚点都是顾客。因此，顾客服务策略的制定需要以顾客的实际需求为依据。连锁企业可以通过观察、采访、调研等方式广泛了解顾客需求。

2．明确服务定位

连锁企业应根据市场需求和竞争状况等因素，明确自身的服务定位。不同连锁企业的经营重点不同，其服务定位也不同。例如，正餐餐饮的就餐服务和环境是影响顾客选择的重要因素，其服务标准较高；快餐餐饮则强调快捷便利、快吃快走，其服务标准较低。

3. 设计服务内容

服务内容包括服务目标、服务项目、服务标准、服务设施等。连锁企业需要根据顾客需求和服务定位设计具体的服务内容。例如，如何设置基础设施或服务设备，如何设定服务项目，如何安排参与人员及人员的具体活动，等等。

4. 测试与改进

连锁企业需要不断测试与改进服务策略，以确保良好的服务质量和效果。例如，很多门店在正式营业前都会进行短期的试营业，这一举措就是对服务策略的测试。

（二）顾客服务策略的优化

1. 明确服务目标

服务目标是顾客服务策略的引领，对连锁企业的服务风格具有重要影响。因此，明确连锁企业的服务目标和执行方向是优化顾客服务策略的前提。

2. 开发新的服务项目

服务项目是连锁企业为顾客提供的具体服务点。例如，售后服务包含维修、退款等服务项目。随着顾客要求不断提高，消费过程中的要素不断增加，连锁企业和顾客的接触点越来越密集，服务项目也应得到相应的扩展。

此外，随着互联网的发展和居民购物方式的改变，连锁企业应及时适应变化，开发新的服务项目，如电话服务、网络服务等，并通过服务项目的创新突出自身的服务差异。

⚡ 经营案例

沃尔玛顾客服务的全面升级

为满足顾客更多元化的需求，沃尔玛宣布全面提升顾客服务，并发布了以下几项具体内容。

（1）将移动支付手段融入全国门店，方便顾客使用各种支付方式进行付款；引进自主结算设备，减少顾客排队时间，全面提升结账效率。

（2）将免费送货的范围由原来的 2 千米扩大到 3 千米，并完善配送方案，增加运力与配送工具，保证送货时效。

（3）开通全年无休的服务热线和官方服务号，用以处理顾客投诉，并收集顾客的反馈和建议。

（资料来源：何芬兰，《沃尔玛全面升级顾客服务》，《国际商报》，2016 年 8 月 14 日）

连锁经营与管理

3. 提升团队素质

由于顾客服务具有差异性，服务人员需要根据不同的服务对象和状况开展差异化服务。这就要求服务人员应具备较高的认知水平和能力。连锁企业可以从以下两个方面提升服务团队素质。

（1）提高对服务人员的素质要求。一是提高招聘要求，吸引高素质人才；二是提升在职员工的素质，如耐心、热情等品格素质，语言表达能力、应变能力等能力素质，抗压能力等心理素质。

（2）建立人员激励和培养机制。连锁企业应当在企业内部建立员工素质提升通道，通过日常培训或集中统一培训，指导员工的实践工作，提升员工的素质。

4. 完善服务标准和机制

连锁企业可以在企业内部建立清晰的服务作业流程和评判标准，开展服务标准制定、服务质量认证等活动，用标准化的服务提升顾客服务质量。

此外，连锁企业还可以建立和完善相应的服务机制，明确顾客服务的运行方式和责任分配，避免出现管理混乱，如建立顾客意见收集和反馈机制、服务人员奖惩机制等。

处理顾客抱怨

顾客抱怨虽意味着顾客需求没有被满足或未达到预期，但也表示顾客对连锁企业有所期待，希望企业做出改进，提供更好的服务。因此，处理好顾客抱怨是连锁企业改善形象、留住顾客的重要途径之一。处理顾客抱怨主要包括以下几个步骤。

（1）倾听并理解顾客的抱怨。当顾客抱怨时，服务人员首先要保持冷静，安抚顾客的情绪，主动倾听并理解顾客的不满和需求。

（2）真诚地向顾客道歉。如果商品或服务确实存在问题，服务人员不要回避或推卸责任，而应真诚地向顾客道歉，并承诺采取措施解决问题。

（3）提供合理的解决方案。在处理顾客投诉时，服务人员应提供一些合理的解决方案，包括退换货、提供补偿或改进服务等。

（4）积极响应并及时处理。服务人员应在合理的时间内为顾客及时解决问题。如果问题解决需要较长的时间，服务人员应及时告知顾客并与其保持沟通。

（5）持续跟进和反馈。处理完顾客抱怨并不意味着工作就完成了。服务人员应持续跟进顾客，并向负责人反馈相关信息，确保问题得到彻底解决。

任务考核

一、不定项选择题

1. 以销售过程为依据，顾客服务可分为（　　　）。
   A. 售前服务　　　　　　　　　　　B. 售中服务
   C. 售后服务　　　　　　　　　　　D. 补充性服务
2. 服务内容包括（　　　）。
   A. 服务目标　　　　　　　　　　　B. 服务项目
   C. 服务标准　　　　　　　　　　　D. 服务设施
3. 下列关于处理顾客抱怨的说法中，正确的有（　　　）。
   A. 提供合理的解决方案　　　　　　B. 暂不处理，等顾客情绪稳定后再说
   C. 据理力争，维护企业权益　　　　D. 真诚地向顾客道歉

二、简答题

1. 简述优化顾客服务策略的措施。

2. 简述提升服务团队素质的措施。

任务 二 维护顾客关系

任务导入

大悦城发布《城市涌新潮——2023美好生活发现报告》

大悦城是中粮集团旗下的一家大型连锁商业集合体，集购物中心、服务公寓、娱乐场所为一体，为顾客提供购物、休闲、餐饮等服务。

2023 年，大悦城对 3 000 多份调查问卷和 2 000 多万会员顾客数据进行了全面分析，发布了《城市涌新潮——2023 美好生活发现报告》（以下简称《报告》），并对《报告》中顾客提出的问题设计了一系列改进措施。

例如，为全面提升服务品质，大悦城拟增设大会员管理部和服务督导职能岗位，并通过满意度追踪、例会、绩效评分等机制对服务硬件和软件进行全方位升级。此外，为持续留存会员顾客，提升顾客忠诚度，大悦城升级了会员权益，推出至尊会员专享、高净值会员权益及付费会员的个性化服务和高阶服务等项目。

为什么大悦城要花费如此大的精力进行顾客调查和分析？

一、顾客满意度

顾客满意是指顾客感知的商品或服务的质量与其期望的商品或服务的质量相比较，所形成的一种感觉状态。顾客满意度是衡量顾客满意程度的指标，主要反映顾客对商品或服务的需求被满足的程度。顾客满意度是一个变动指标，不同顾客对同一商品或服务会产生不同的心理感受，同一顾客在不同时间对同一商品或服务也会产生不同的心理感受。

（一）影响顾客满意度的因素

1. 商品或服务的质量及价格

以零售业为例，顾客满意度主要受商品质量、价格等因素的影响。商品质量包括商品性能、耐用性、可靠性、安全性等要素，反映了顾客对商品的使用需求。商品质量与顾客满意度呈正相关关系，想要提高顾客满意度，连锁企业就应当为顾客提供满足其需求甚至超出其需求的商品。

商品价格是顾客为得到商品而付出的代价。一般来说，商品价格与顾客满意度呈负相关关系，即在商品质量相同的情况下，价格越高，顾客满意度越低；反之，顾客满意度越高。

同样，如果连锁企业以服务为主要经营内容或经营特色，那么服务的质量和价格也是影响顾客满意度的第一要素。

2. 顾客预期

顾客预期又称"顾客期望"，是顾客消费之前对商品或服务产生的期盼。顾客期望受个人以往经验或外部宣传等因素的影响。若商品或服务达到或超出顾客的期望水准，顾客满意度相对较高；反之，顾客满意度相对较低。

3. 顾客感知质量

顾客感知质量区别于商品或服务本身的客观水平，是指顾客以其自身对商品或服务的使用目的和需求状况为依据，在参照相关信息的基础上，对某种商品或服务做出的主观评价。

在实际经营中，商品或服务的实际质量与顾客感知到的质量并不相同，它们之间存在一定误差。当顾客对商品或服务感知的质量达到或超过实际质量时，顾客满意度较高；反之，顾客满意度较低。

经营互动

在影响顾客满意度的因素中，哪些是主观因素，哪些是客观因素？对连锁企业来说，哪些因素更好控制？

（二）顾客满意度调查

顾客满意度调查是指连锁企业以实现全面的顾客满意为目标，通过一定方式获取样本，统计顾客对商品或服务的满意度评分，并通过特定算法得出相应结果，从而揭示企业在销售和服务方面存在的问题，进而分析和解决这些问题的过程。顾客满意度调查一般包括以下几个步骤。

1. 明确调查项目

连锁企业进行顾客满意度调查的目的可能是更新商品、改善服务或调整策略等。不同调查目的对应不同的调查项目。因此，在进行顾客满意度调查前，连锁企业应根据自身需求，明确调查项目。常见的调查项目包括以下几个方面。

（1）企业商品，包括商品种类、商品质量、商品性能、商品价格等。

（2）人员服务，包括服务态度、服务能力、服务人员仪表举止等。

（3）购物便利性，包括地理位置、营业时间、购物流程等。

（4）企业声誉，包括企业知名度、企业文化、企业社会慈善行动等。

（5）购物环境，包括店面装修、设施布局、卫生状况、购物氛围等。

（6）售后服务，包括退换货、送货、维修、安装等。

（7）结账付款，包括结账方式、结账速度、结账准确性等。

2. 量化评价指标

在顾客满意度调查中，连锁企业需要将满意度情况量化为可参考的数值。为实现这一目标，连锁企业可以将顾客的满意情况划分为不同等级，并对其进行赋分，然后通过权重设计，得出最终数值。得分结果一般按照下列公式进行计算。

$$得分=分值×权重$$

（1）评价等级。评价等级是指顾客在购买商品或享受服务之后所产生的相应满足状态的梯度。通常情况下，顾客满意度可分为五个等级（很满意、满意、一般、不满意和很不满意）或七个等级（很满意、满意、比较满意、一般、不太满意、不满意和很不满意），其状态表现和赋分如表 3-1 所示。

表 3-1　顾客满意等级及其表现和赋分

等级	表现	赋分
很满意	商品或服务完全满足或超出期望，顾客非常愉快	7
满意	商品或服务基本满足期望，顾客感到满足	6
比较满意	商品或服务的许多方面满足期望，顾客有好感或肯定	5
一般	商品或服务符合最低期望，顾客无明显不良情绪	4
不太满意	商品或服务未满足期望，顾客抱怨、遗憾	3
不满意	商品或服务存在部分缺陷，顾客气愤、烦恼	2
很不满意	商品或服务有重大缺陷，顾客愤慨、恼怒	1

（2）权重。由于不同连锁企业提供的商品或服务不同，各个调查项目对顾客满意度的影响也不同。例如，快速消费品连锁企业的商品价格、性价比等项目权重较大，而高端商品连锁企业的服务质量等项目权重较大。因此，连锁企业应当根据自身情况设计调查项目的权重，如表 3-2 所示。

表 3-2　权重设计表

项目	指标	权重
商品质量	商品耐用性	10%
	商品功能性	30%
人员服务	服务态度	30%
	服务能力	20%
购物环境	卫生状况	10%
合计		100%

3．制作调查问卷

调查问卷是顾客满意度调查的重要工具，由一组或一系列问题、备选答案及其他部分组成。从结构上看，调查问卷一般包括标题、问卷说明、调查对象的基本信息、调查问题、感谢语等，如表 3-3 所示。对于调查问题，连锁企业应将其设置为单选或多选等封闭式问题，以方便顾客作答。

表 3-3　顾客满意度调查问卷示例

××企业顾客满意度调查问卷					
尊敬的顾客： 　　您好，非常感谢您选择了我们的商品。为不断提高商品品质及服务质量，我们特进行此项顾客满意度调查，期盼您在百忙之中给予我们客观的评价，并提出宝贵的建议。您的评价和建议是我们奋进的动力，我们将虚心听取并及时改进，以便为您提供更好的服务。 　　感谢您的配合与支持！					
基本信息	您的性别：□男　　　　　□女 您的年龄：□20 岁以下　　□21～30 岁　　□31～40 岁 　　　　　　□41～50 岁　　□51～60 岁　　□60 岁以上 您的职业：□学生　　□政府或事业单位工作人员　　□企业职员　　□自由职业者 　　　　　　□其他 您的文化水平：□高中/中专　　□大专　　□本科　　□研究生及以上				
项目		很满意	满意	一般	不满意	很不满意
商品质量与价格	商品功能					
商品质量与价格	商品包装					
商品质量与价格	商品价格					
服务质量	服务态度					
服务质量	服务能力					
服务质量	服务人员仪表举止					
……	……					
您对本企业最不满意的地方： 您的建议：					
您的评价和建议对我们至关重要，感谢您在百忙之中填写问卷，祝您生活愉快！					

4．选择调查对象

　　由于顾客人数较多，加上资源有限，连锁企业难以调查所有顾客，通常只能选择部分顾客作为样本。常见的顾客选择方法有以下几种。

　　（1）简单随机抽样。简单随机抽样是从所有顾客样本中，随机抽取任意部分顾客作为代表进行调查的方法。例如，从 100 位顾客中随机抽取 20 人作为样本。简单随机抽样适用于顾客总体人数较少的连锁企业。

（2）分层抽样。分层抽样又称"类型抽样"，是将顾客按其属性特征分成若干类型或层级，然后从每个类型或层级中随机抽取样本的方法。例如，连锁企业将顾客按照年龄段分成 5 组，每组抽取 100 人作为样本。分层抽样有利于提高样本的代表性和全面性，适用于顾客类型复杂的连锁企业。

（3）整群抽样。整群抽样是将所有顾客分为若干组，从中直接抽取几组作为代表的方法，适用于组间差异不大、组内差异较大的顾客群体。例如，连锁企业将某年 9 月份入会的所有顾客作为样本进行调查。

（4）方便抽样。方便抽样又称"随意抽样"或"偶遇抽样"，是连锁企业在特定的时间和地点，随意选择顾客的非概率抽样方法。方便抽样在实际生活中应用较广，如卖场或社区附近的调查员随机请顾客参加调查，赠送小礼品。方便抽样有利于连锁企业节约时间和成本，但可能会影响调查的准确度。

5．收集调查问卷

连锁企业可以采用现场邀请顾客填写调查问卷、在线发放网络问卷、电话问答等方式开展调查，收集顾客满意度及相关信息。

6．分析调查结果

在回收调查问卷后，连锁企业需要分析调查结果，并总结商品或服务存在的规律性问题。在分析前，连锁企业应先剔除无效调查问卷，保证数据的准确性，再结合调查目的，选择合适的分析方法进行分析。在顾客满意度调查中，连锁企业常用的分析方法有以下几种。

（1）顾客画像分析。顾客画像分析主要描述被调查者的基本信息，包括性别、年龄、健康状况、职业、婚姻、文化水平、收入等。这种分析可以使连锁企业了解自身顾客群体的年龄构成、性别构成等。例如，某连锁企业通过调查了解到，其最主要的顾客群体是 20～35 岁的女性企业白领，则该连锁企业在制定顾客服务策略时，就需要优先考虑该群体的需求。

（2）差异性分析。差异性分析主要用于分析顾客群体之间存在的差异。例如，年龄、收入不同的顾客，其满意度存在显著差异。通过差异性分析，连锁企业可以了解影响特定顾客群体的主要因素，并做出有针对性的改进。

7．改进计划和执行

顾客满意度调查的最终目的是优化商品或服务，提高顾客满意度。因此，连锁企业应以调查问卷分析结果及反映出的问题为依据，及时自查自纠，以顾客为中心对商品种类、商品质量、服务内容进行调整。

经营卡片

了解顾客满意度的其他方式

除了开展顾客满意度调查，连锁企业还可以通过以下几种方式了解顾客满意度。

（1）建立顾客意见反馈系统。连锁企业可以建立顾客意见反馈系统，用以收集和分析顾客满意度数据，如免费热线、意见箱等。在信息技术快速发展的背景下，连锁企业还可以通过在线评分等方式收集顾客的意见和建议，进一步分析顾客满意度。

（2）佯装购物法。佯装购物法是指连锁企业指派或委托管理人员装作顾客进行购物，并在购买过程中发现商品或服务存在何种问题的方法。佯装购物时，管理人员一般会主动制造麻烦，借此观察服务人员的表现，从而评估顾客平时的购物感受。

（3）访谈法。访谈法是指连锁企业安排调查员，与调查对象进行面对面的交流，收集调查对象内心想法的方法。访谈法能够直接了解调查对象的真实想法和感受，帮助连锁企业获取较为深入和细致的资料。但是这种方法需要花费较多的时间和精力，且易受到调查对象的主观影响。

（三）提升顾客满意度的方式

1. 优化商品质量，制定合理价格

商品是连锁企业争取顾客的核心竞争力。因此，连锁企业应不断优化商品结构，提高商品质量，并制定与质量相匹配的价格，在合理控制成本和利润的基础上，为顾客提供物美价廉的商品。

2. 进行客观宣传，控制顾客期望

连锁企业宣传商品或服务的过程，也是塑造顾客认知的过程。若连锁企业夸大其词，过分吹嘘自己的商品、技术等，顾客的期望值就会提高。此时，顾客若认为购买的商品或享受的服务没有达到预期，则会有较大的心理落差和不满。因此，连锁企业应当采取客观真实的态度宣传自己的商品或服务，将顾客期望控制在合理的范围内，使顾客感受到"名副其实"。

3. 优化服务细节，提高服务质量

顾客需要通过切实的服务来证明他的消费是被重视的，是物有所值的。换言之，顾客对商品价值的感知可以通过服务来弥补。因此，连锁企业应优化服务细节，提高服务质量，进而加强顾客的获得感，使其愿意为消费过程中的愉悦体验而买单。提高顾客对商品价值的感知有以下两种渠道。

（1）通过服务提高商品的附加价值。附加价值区别于商品的实际价值或核心价值。

例如，某商品的市场平均价格是 500 元，但商家卖 519 元，同时提供精美的包装、免费的送货服务和良好的购物环境等。这样一来，顾客即使多花了 19 元，依然认为值得，并感到很满意。这 19 元就是通过优化服务而产生的附加价值。

（2）通过服务降低顾客付出的成本，即降低顾客购买商品时付出的精力、时间、金钱等。例如，商家为顾客提供免费停车、人员指引、优先结账等服务，使顾客购买商品的过程变得简单轻松，进而提高顾客满意度。

4. 加强顾客认同，建立情感联系

连锁企业应与顾客建立联系，使其对品牌产生信赖。这样一来，顾客在选择商品时，会降低对商品价格的敏感度和服务要求。例如，2021 年，鸿星尔克为灾情捐款，使大家感受到该企业的社会责任感和良好信誉。随后，大量顾客在各门店和网络平台火热下单，反而不在意商品价格，而是为认同感和情感联系买单。

经营案例

> #### S 咖啡厅——做顾客满意的咖啡
>
> 多年来，S 咖啡厅对商品和服务不断进行优化。在商品选择上，S 咖啡厅摒弃了全盘西式的模式，融入了中式简餐，更符合中国人的口味。在商品价格上，S 咖啡厅为改变顾客对咖啡厅价位高的刻板印象，"放下身段"调整了菜单，推出多种实惠型套餐，吸引了更多顾客。在服务环境上，S 咖啡厅意识到中国人更讲究私密，因此对大厅的卡座进行了隐蔽处理，并设有较多包间，更符合中国人不喜张扬、追求安全感的心理特点。

二、顾客忠诚度

（一）顾客忠诚

1. 顾客忠诚的含义

顾客忠诚是指顾客对连锁企业的认可和信赖，并长期、反复购买连锁企业的商品或服务的行为。需要注意的是，顾客忠诚与顾客满意是两个既紧密联系又相互区别的概念。

顾客满意是顾客忠诚的前提条件，持续的顾客满意可能转化为顾客忠诚，二者呈正向关系。但是，顾客忠诚并不代表顾客一定满意。例如，很多顾客对某公司的商品颇有微词，由于市场垄断，不得不选择它，此时顾客比较忠诚，但并不能感到满意。总体来说，顾客忠诚和顾客满意的区别如表 3-4 所示。

表 3-4 顾客忠诚与顾客满意的区别

项目	顾客满意	顾客忠诚
表现形式	侧重心理感受	侧重购买行为
可观察程度	隐含的	外显的
受竞争对手影响	小	大
比较对象	获取期望与现实感知的比较	现实期望与未来利益的比较

2. 顾客忠诚的类型

顾客忠诚往往表现为依赖性和持久性。依赖性是指顾客内心对企业的选择和依恋，持久性是指顾客持续、反复购买的程度。根据顾客依赖性和持久性的不同，顾客忠诚可以划分为以下几种类型。

（1）垄断忠诚。垄断忠诚是由于行业垄断产生的忠诚。在垄断忠诚下，顾客没有其他选择，只能选择该企业的商品或服务。垄断忠诚的顾客会重复购买，但心理认同不强。

（2）惰性忠诚。惰性忠诚是由于顾客的惰性和习惯而不愿意去寻找其他企业或品牌的行为。例如，人们经常在上下班路上的超市或便利店中消费。

（3）潜在忠诚。潜在忠诚是指顾客虽然拥有但还没有表现出来的忠诚，通常表现为顾客忠诚于某一品牌，但被一些因素限制了这种需求，从而呈现低依赖、低重复购买的状态。

（4）利益忠诚。利益忠诚是忠诚度较低的一种忠诚，主要来源于企业给予顾客的利益，如价格优惠、促销政策等。当有提供更低价格的企业出现时，顾客就会果断转向其他企业。因此，顾客是否会重复购买取决于连锁企业给予他们利益的大小。

（5）亲缘忠诚。亲缘忠诚是由亲缘和社会关系产生的忠诚，如企业员工一般会优先选择自己企业的商品。

（6）信赖忠诚。当顾客对企业的商品或服务感到满意并逐步建立一种信赖关系后，往往会形成一种持久的忠诚，这种忠诚即为信赖忠诚。这一类型的顾客不仅对企业的商品或服务情有独钟，还会主动向他人宣传。

不同忠诚类型的表现

在连锁企业的经营状况、顾客的个体差异和外部因素的影响下，几种忠诚类型的依赖性和持久性表现各不相同（见图 3-1）。

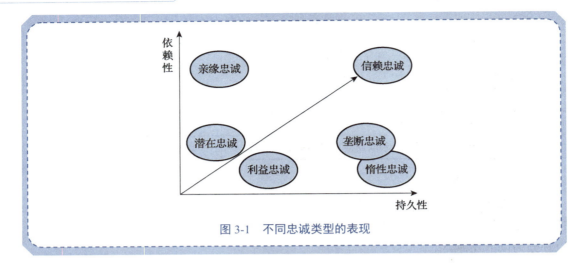

图 3-1　不同忠诚类型的表现

（二）顾客忠诚度的衡量指标

顾客忠诚度是衡量顾客忠诚程度的指标，主要衡量在质量、价格、服务等诸多因素的影响下，顾客对某一企业的商品或服务的偏爱和持久程度。通过衡量顾客忠诚度，连锁企业不仅可以进一步了解顾客，还可以考察企业在提高商品质量和顾客服务等方面所做的努力是否达标，从而明确今后的经营方向，以提高企业利润。

顾客的心理特征是难以衡量的，因此，连锁企业可以将顾客心理特征的外在表现和行为作为衡量顾客忠诚度的指标。通常情况下，顾客忠诚度可以用以下几个指标来衡量。

1. 重复购买次数

重复购买次数是指顾客在一段时间内购买企业商品或服务的次数，它是衡量顾客忠诚度的首要指标。在一定时期内，顾客购买某一商品或服务的次数越多，说明顾客对该商品或服务的忠诚度越高；反之，则说明顾客对该商品或服务的忠诚度越低。

 经营贴士

　　按重复购买次数衡量顾客忠诚度时，连锁企业应根据不同商品的性质区别对待。若商品属于易损品或一次性用品，即使顾客重复购买的次数很多，也不能说明顾客对该商品非常忠诚；若商品属于耐用品，即使顾客重复购买的次数很少，也不能说明顾客对该商品的忠诚度很低。此外，按重复购买次数衡量顾客忠诚度时，连锁企业还需要排除导致顾客没有太多可选商品的某些特定原因，如垄断、地理位置偏僻等。

2. 购买金额及价格敏感度

顾客若为某一商品或服务支付的金额占购买同类商品或服务支付的金额的比值较

高，说明顾客对该商品或服务的忠诚度较高；反之，则说明顾客对该商品或服务的忠诚度较低。

顾客对某一商品或服务的价格变动的承受能力称为价格敏感度。对于喜爱和信赖的商品或服务，顾客的价格敏感度低，对该商品或服务的忠诚度高；而对于不喜爱或不信赖的商品或服务，顾客的价格敏感度高，对该商品或服务的忠诚度低。

经营贴士

> 若商品供大于求，无论商品价格如何降低，顾客依然不会购买；若商品供不应求，无论商品价格如何上涨，顾客仍会购买。在这种情况下，顾客购买行为不能反映顾客对商品或服务的忠诚情况。

3．对其他竞争品的态度

顾客忠诚带有一定的排他性。若顾客对竞争商品或服务感兴趣并有好感，则说明顾客的忠诚度较低；反之，则说明顾客的忠诚度较高。

4．购买时间

购买时间可以从两个方面考虑。一是顾客持续购买商品或服务的时间。顾客持续购买某一商品或服务的时间越长，说明顾客对该商品或服务的忠诚度越高；反之，则说明顾客对该商品或服务的忠诚度较低。二是顾客挑选商品或服务时所用的时间。一般情况下，顾客挑选商品或服务的时间与顾客忠诚度呈反方向变化，挑选时间越长，忠诚度越低；反之，忠诚度越高。

5．对商品质量的包容

若顾客对某连锁企业的忠诚度较高，当该企业的商品或服务出现一般质量问题时，他们会表现出宽容、谅解和协商解决的态度，不会因此失去对它的偏好；若顾客对连锁企业的忠诚度较低，一旦该企业的商品或服务出现质量问题，他们会深感自己的正当权益被侵犯了，从而产生强烈的不满。

经营贴士

> 以上衡量指标并不是孤立的，它们之间可能相互影响。因此，在衡量顾客忠诚度时，连锁企业需要综合考虑多个指标，以取得全面和准确的结果。同时，不同行业、不同商品或服务也可能存在不同的衡量指标，连锁企业需要根据具体情况进行选择和调整。

（三）提高顾客忠诚度的方式

1. 建立顾客档案

建立顾客档案是为顾客提供更具有针对性、个性化服务的前提，主要是指收集和记录顾客信息。顾客信息既包括顾客的姓名、出生年月、住址、联系方式、家庭状况、职业、收入水平等基本信息，也包括生活态度、爱好、购物习惯、品牌偏好等个性化信息。需要注意的是，顾客信息的收集不能只依靠询问顾客，很多时候需要依靠服务人员自行观察。

2. 提供特色服务

（1）给予部分特权。连锁企业可以为顾客办理会员卡，让顾客享受一定的特权服务。例如，一些品牌连锁店会为他们的高级会员提供新产品优先供应、会员折扣、节日内购等特权服务。

（2）给予适当奖励。在生活中，许多商家会根据顾客的消费情况为其积分，并给予其一定的返利，如购物券或小礼品。这种意外奖励，常常会给顾客带来惊喜，使其成为企业的忠实顾客。

（3）注重服务差异。连锁企业需要在标准化服务之上提供差异化的服务。例如，海底捞会为长发顾客提供发圈，为戴眼镜的顾客提供擦镜布，为孕妇顾客提供靠枕和防辐射围裙，等等。这种差异化服务，更能够使顾客感受到温暖贴心，并留住顾客。

（4）保持长期联系。连锁企业需要与顾客保持长期友好的互动和沟通。一方面，连锁企业应及时告知顾客一些企业信息，包括促销活动、服务信息、温馨提醒等。例如，4S店会经常提醒顾客进行车辆保养、年检、驾驶证年审等。另一方面，连锁企业应及时了解顾客的想法和变化，如通过上门访问、电话回访、意见箱等方式认真听取顾客的意见和建议。

经营案例

万豪酒店的个性化定制服务

随着时代的发展和消费升级，顾客对于酒店的需求不再是简单的住宿，而是更注重服务感受和质量。为此，万豪酒店推出一系列个性化定制服务，使顾客的入住过程成为极致的享受体验。

（1）客房服务。顾客入住前可以在酒店官网下单，并选择自己喜欢的床垫、枕头、毛巾等用品，酒店将按照顾客的要求进行准备。此外，酒店还提供了个性化装饰、音乐等服务，让顾客在入住期间更加舒适和满意。

（2）美食定制服务。顾客可以提前告知酒店自己的就餐偏好和口味，方便酒店为自己安排专属的风味餐食。

任务考核

一、不定项选择题

1. 下列顾客忠诚的类型中，持久性和依赖性都较高的是（   ）。

   A. 惰性忠诚　　　B. 利益忠诚　　　C. 信赖忠诚　　　D. 潜在忠诚

2. 在选择调查对象时，常见的顾客选择方法有（   ）。

   A. 方便抽样　　　B. 系统抽样　　　C. 简单随机抽样　　D. 分层抽样

3. 连锁企业可以通过（   ）提高顾客忠诚度。

   A. 建立顾客档案　　　　　　　　B. 给予适当奖励

   C. 减少与顾客的联系　　　　　　D. 窃取顾客信息

4. 连锁企业可以通过（   ）提高顾客满意度。

   A. 优化商品质量，制定合理价格　　B. 进行客观宣传，控制顾客期望

   C. 优化服务细节，提高服务质量　　D. 加强顾客认同，建立情感联系

5. 连锁企业可以通过（   ）衡量顾客忠诚度。

   A. 购买时间　　　　　　　　　　B. 重复购买次数

   C. 距离远近　　　　　　　　　　D. 购买金额及价格敏感度

二、案例分析题

请阅读以下案例，并回答问题。

张女士是一位职业女性，经常出差并下榻于 A 酒店。最近，张女士对 A 酒店的服务越来越不满，于是向 A 酒店的王经理提出了投诉。

张女士："我要投诉！"

王经理："您好，张女士。请问您有什么问题？"

张女士："我每次出差都在你们酒店住宿，可前台服务人员总叫我李女士！我对花粉过敏，以前多次要求房间不要出现鲜花，今天房间打扫完仍然出现了鲜花。这点小事，难道要我反复说明吗？"

王经理："很抱歉……"

张女士："还有一件事，你们店里的优惠服务，都只让新顾客参与。我在你们酒店消费了很多次，却没有享受过任何额外的福利。别的酒店都会定期举办顾客活动，听取顾客的建议，你们却'关起门来做生意'。如果你们不做出改变，我就不会再来了！"

王经理："抱歉，张女士，我一定会妥善处理此事，请您放心！"

请结合案例和所学内容，简要说明该酒店在维护顾客忠诚方面有哪些不足。

项目实训

任务描述

全班学生以小组为单位，选择学校附近的一家企业（超市、快递驿站等），收集该企业顾客服务和管理的相关资料，然后结合所学知识完成以下任务。

（1）自行设计、收集顾客满意度调查问卷，开展顾客满意度调查。

（2）分析调查结果，并为该企业的顾客服务和管理提出改进建议。

（3）各小组将顾客满意度调查的开展过程、调查结果分析和相应的改进建议等内容制作成PPT，然后派一名代表在课堂上进行展示。

任务目标

（1）在实践中熟悉连锁企业顾客满意度调查与顾客服务的相关知识。

（2）提高与他人沟通、团结协作的本领。

（3）培养良好的心理素质和胆量。

任务分组

全班学生以5～7人为一组，每组选出1名组长。组长与组员共同进行任务分工，并将小组成员和分工情况填入表3-5中。

表3-5　小组成员和分工情况

班级		组号		指导教师	
小组成员	姓名	学号		任务分工	
组长					
组员					

任务实施

将实训任务的具体完成情况记录在表3-6中。

表 3-6　实训过程记录表

负责人、时间、任务分配	实施步骤
	1. 所选企业的基本信息 企业名称＿＿＿＿＿＿＿＿＿＿＿＿＿＿＿＿＿＿＿＿ 经营内容＿＿＿＿＿＿＿＿＿＿＿＿＿＿＿＿＿＿＿＿
	2. 列举所需要的知识点
	3. 设计顾客满意度调查问卷，包括调查项目、指标权重等
	4. 开展顾客满意度调查，记录调查过程
	5. 根据调查结果分析顾客的满意之处和不满之处
	6. 为该企业的顾客服务和管理提出改进建议
	7. 按要求制作 PPT，在小组内部进行展示，进一步讨论并修改
	8. 各小组代表在课堂上展示 PPT，教师和其他同学进行提问或发表意见
	9. 记录实训中的心得体会或遇到的问题

学习成果评价

教师根据学生的课堂表现、实训过程表现和作业完成情况对学生进行评价，学生在教师指导下进行组内互评，师生共同填写学习成果评价表（见表3-7）。

表3-7 学习成果评价表

班级		组号		日期		
姓名		学号		指导教师		
学习成果						
评价维度	评价指标	评价标准		分值	评价分数	
					互评	师评
知识评价	理解知识	熟悉顾客服务的相关知识		5		
		熟悉顾客满意度和顾客忠诚度的相关知识		5		
	应用知识	能够运用所学知识，解决连锁企业顾客管理中存在的问题		10		
能力评价	沟通交流能力	能够尊重和倾听他人的意见，表达自己的观点		10		
	团队合作能力	能够配合团队其他人，进行有效的分工与合作		10		
	创新实践能力	能够分析实际生活中的问题，并提出解决问题的新方法		10		
素养评价	学习态度	能够积极参与课堂讨论，独立、按时完成任务考核与实训作业		5		
		能够投入时间和精力来学习，并享受学习过程		5		
	心理素质	能够正确面对他人批评，并保持良好的情绪，迎难而上，持之以恒		10		
	反思意识	能够对自身的学习状态和成效进行审视和反思，并及时总结经验，调整学习策略		10		
成果评价	PPT	调查问卷设计合理，内容全面		10		
		重点突出，详略得当，正确分析所选企业在顾客服务和管理中出现的问题，并提出有效的改进建议		10		
合计				100		
总评	互评（30%）+师评（70%）=			教师（签名）：		

项目四

运筹帷幄——连锁企业的价格与促销管理

项目导读

　　在市场竞争日益激烈的背景下，营销策略逐渐成为商业盈利的重要手段。连锁企业只有制定合理的价格，组织适宜的促销活动，才能创造竞争优势，吸引并留住顾客，进而促进顾客的购买行为，获得效益增长。因此，本项目以价格与促销管理为主要内容，旨在帮助学生正确认识连锁企业的营销行为，并为连锁企业组织各类营销活动提供智力支持。

知识目标

（1）了解影响商品定价的主要因素。
（2）理解连锁企业商品定价的方法和策略。
（3）熟悉连锁企业开展促销活动的形式和要求。
（4）掌握连锁企业组织促销活动的流程。

能力目标

（1）能够联系实际生活，分析连锁企业商品定价的合理性。
（2）能够策划和组织简单的促销活动。

素养目标

（1）敢于拓展思路，并通过创新追求良好效益。
（2）能够洞察市场需求，不断适应市场环境的变化。

任务 一 确定商品价格

任务导入

盒马与山姆的"价格战"

山姆会员商店（以下简称"山姆"）是沃尔玛旗下的一家连锁会员制商店，自1983年开业起，陆续在全球开设门店超过800家。作为中国最早的会员店之一，山姆的发展壮大比较顺利。然而，随着盒马、麦德龙等多家会员店的崛起，山姆面临着巨大的挑战，不得不对商品价格展开一系列调整。

为避免市场淘汰，山姆率先打起了"价格战"，在半年内两度下调部分商品价格，当中不乏瑞士卷等销量颇高的"网红"商品。2022年底，山姆宣布让利5亿元回馈会员，对复购率和渗透率较高的10款商品做出长期价格下调的决策，其中包括小青柠汁、麻薯、坚果等。

尽管如此，其他会员店仍然将矛头直指山姆，向其"宣战"。例如，山姆有一款售价128元的榴梿千层蛋糕，一直作为"当家花旦"，受到广大顾客的喜爱。但是，盒马推出同款蛋糕后，为其定价99元。面对这一状况，山姆立即将蛋糕的价格改为98.9元，以1角钱之差作为回击。盒马紧跟其后，将价格下调为89元；山姆则继续下调价格，比盒马便宜1元。如此几经周折，这场"价格战"以盒马79元、山姆85元落下帷幕。这一次，在成本和利润核算下，两家会员店默契地选择停止竞价。

在外人看来，山姆和盒马的"价格战"只是偶然，而事实上，由于二者市场定位和目标消费群体的相似性，竞争是一种必然。资料显示，大约四成的顾客既是山姆的会员也是盒马的会员，如果一方的价格不占优势，其顾客将很快被对方"拐走"。

（资料来源：蔡淑敏、马云飞，《盒马"移山"背后，零售业"商战"不止》，

《国际金融报》，2023年8月24日）

山姆为什么要主动调整价格并参与竞价？

一、影响商品定价的因素

商品定价是一种具有较高灵活性的营销手段，是指在一定的目标导向下，连锁企业综合考虑市场竞争情况和顾客需求等因素，制定商品价格的行为。

商品定价是连锁企业的内部活动，但实际上具有买卖双方共同决策的特征。同时，

为追求整体规模效益，连锁企业往往需要在多个门店中对多种商品推行统一价格。因此，连锁企业在商品定价时需要考虑的因素更多。

（一）定价目标

定价目标是连锁企业通过制定价格要达到的目的，按照与利润的相关性可以分为利润目标和非利润目标。

1. 利润目标

获取利润是连锁企业经营的目的，也是连锁企业持续经营的前提。根据经营理念和规划的不同，利润目标可分为最大利润目标和适度利润目标。

（1）最大利润目标。最大利润目标有长期和短期之分，也有单项和综合之分。一般来说，为实现良性、持续的发展，连锁企业应追求长期和综合利润的最大化；但对于生命周期较短的商品来说，连锁企业应追求短期或单项利润的最大化，如一些突然兴起的潮流商品。需要注意的是，利润最大不等于价格最高。在实际经营中，若一味提高商品的价格，销售量可能会降低，利润也会减少，薄利多销反而能实现利润最大化。

（2）适度利润目标。适度利润目标是连锁企业在经营活动中追求的一种稳健且可持续的盈利策略。它强调企业在定价时，将利润控制在既不过高也不过低的合理范围内，以实现长期稳定的盈利和可持续发展。适度利润目标有利于连锁企业避开激烈的市场竞争，但实现难度较大。

2. 非利润目标

非利润目标主要包括市场占有率目标、维持生存目标、稳定价格目标等。

（1）市场占有率目标。在某些情况下，连锁企业定价不是为了获取利润，而是为了提高市场占有率，进而提高自身的竞争优势。此时，连锁企业在商品定价时会进行让利，甚至在销售量和利润两者发生矛盾时选择压缩利润，优先保证销售量。例如，新产品上市时，连锁企业会先通过低价销售打开市场，后期再提价销售。

⚡ 经营案例

小米的定价目标

回顾小米的发展史，不难看出，小米手机的最初定价并非头脑发热，而是一场精心筹划的商业布局。

起初，中国高端手机市场被三星和苹果占据了大部分份额，中低端手机市场上的产品性能明显落后。对此，小米瞄准了眼光挑剔、对高性能电子产品需求旺盛的年轻群体。针对这一群体，小米推出了高像素、高配置的手机产品，并为其定价 1 999 元。

事实上，按照小米的产品配置，该手机的售价完全可以设定在 2 500 元左右。但小米压缩了一部分利润，以超高性价比的优势，迅速扩大了市场占有率，吸引了一大批忠实爱好者。随后，小米的小家电系列商品也依靠价格优势，在高手如云的电器市场上抢夺了一席之地，成为消费者心中高性价比的代名词。

（资料来源：吴武辉、稽国平等，《小米手机的营销策略及其发展建议》，

《商业经济研究》，2015年第30期）

（2）维持生存目标。若遭遇市场动荡和行业竞争，为避免企业倒闭，连锁企业会为商品制定较低的价格，保证企业的资金流通，以维持企业最基本的运转。此时，企业的商品定价可能毫无利润可言。

（3）稳定价格目标。某些商品价格波动较大，长期没有统一的定价标准。因此，一些在行业内具有较大话语权的连锁企业会通过定价来稳定商品价格。其他小企业则会主动跟随，选择与大企业价格持平或保持一定比例关系。稳定价格目标的优势是能够使商品价格在较长时期内保持稳定，减少不必要的波动，进而减少企业因价格竞争而产生不必要的损失。

（二）顾客价格心理

顾客对不同商品及其价格的心理反应会直接影响其购买行为。因此，连锁企业应当在商品定价时充分分析顾客的心理因素，并迎合顾客价格心理。通常而言，顾客价格心理主要包括以下几个方面。

1．习惯性价格心理

顾客多次反复购买某一商品时，会对这种商品的价格形成固定的认知。对此，连锁企业进行商品定价时，需要考虑顾客对该商品的习惯性定价，避免因定价过高或过低，使顾客认为货次价高或商品质量无法保证。

2．敏感性价格心理

不同商品的价格变化对顾客的影响不同。例如，自行车降价500元会引起顾客的强烈反应，而汽车降价500元，顾客可能无动于衷。一般来说，顾客对非生活必需品、购买频率低的商品的价格敏感度较低；对生活必需品、购买频率高的商品的价格敏感度较高。因此，连锁企业需要根据顾客的价格敏感度对商品进行定价。

3．感受性价格心理

商品价格是由商品价值决定的，但顾客在购买过程中的感知决定了他们心目中该商品的价格。若连锁企业提供的商品能够给顾客带来良好的消费体验，即使定价较高，顾客也会认为物有所值。因此，连锁企业在商品定价时，要符合自身的商品定位和服务档次，尽量符合顾客对商品的感知。

4．倾向性价格心理

不同顾客在购买商品时具有不同的倾向性。因此，连锁企业在商品定价时要考虑目标顾客的倾向性。例如，社会地位高、经济状况良好的顾客倾向于购买品质好、知名度

高的商品，可以接受一定范围内的溢价。对于这类目标顾客，连锁企业对商品的定价可以适当高一点。

（三）商品成本

商品成本决定了商品价格的最低限度，其一般包括采购成本、销售费用、管理费用、财务费用等。

在制定商品价格时，连锁企业通常会以商品成本为基础，用定价来覆盖成本。商品成本高，定价就高；商品成本低，定价则低。需要注意的是，商品成本是定价的重要因素之一，但并非唯一因素。

（四）市场供求与竞争状况

当商品供不应求时，商品价格会上升，连锁企业适当抬高定价可能会获得更多的利润；反之，当商品供过于求时，商品价格会降低，连锁企业适当降低价格扩大销量，可能会获得更多的利润。

当同质商品竞争激烈时，连锁企业可以依靠降低商品价格来吸引顾客。当商品与市场上的同类商品存在差异或企业品牌价值较高时，连锁企业在竞争中具有较大优势，可以适当抬高商品定价。

对此，连锁企业可以设立专门的职能部门或指派专人去研究市场供求状况，了解竞争对手的商品价格，并以此为依据调整商品价格。

经营卡片

如何了解竞争对手的商品价格

为了解竞争对手的价格信息，连锁企业一般会设立价格管理部门，并通过以下几个步骤采集竞争对手的商品价格。

（1）选择采价方式。连锁企业需要建立采价系统，并设置专业的人员和方式进行采价。连锁企业常用的采价方式有聘用专人采价、员工兼任采价、委托第三方采价、邀请顾客提供价格信息等。

（2）安排采价频率。商品采价可分为日采、周采、月采、季采、临时性采价等。一般来说，价格变动较大的商品或重点销售的商品，采价频率较高，如生鲜食品等。

（3）记录和整理采价信息。连锁企业一般会设置固定格式的采价单，用以记录商品名称、规格、价格等信息。

（4）分析价格信息。通过横向分析竞争对手的价格和自己的价格，连锁企业可以了解自己的定价是否具有竞争优势；通过纵向对比同一商品不同时期的价格，连锁企业可以了解市场变化和走势，并以此为依据制定和调整价格。

（五）政策因素

连锁企业在定价时还需要考虑政策因素。特殊情况下，政府有关部门会给予某些商品一定的补贴和优惠政策，也会限制某些商品的价格范围。例如，重大节日期间，物价部门或市场监管部门会勒令各大商家不得随意涨价，保障居民权益。此时，虽然民生商品的需求量大幅增长，但连锁企业需要配合政策，稳定物价，承担一定的社会责任。

二、定价方法

由于影响商品定价的因素比较复杂，连锁企业在实际经营中会根据实际情况选择不同的定价方法。按照影响商品定价因素的不同，连锁企业可采用的定价方法有成本导向定价法、竞争导向定价法和需求导向定价法。

（一）成本导向定价法

成本导向定价法是以商品成本为中心的定价方法，其目标是尽可能获得高的利润，包括成本加成定价法、目标收益定价法和盈亏平衡定价法等。

1. 成本加成定价法

成本加成定价法是在商品单位成本的基础上加上一定比例的利润来制定价格的方法，是连锁企业应用最广泛的一种定价方法。成本加成定价法适用于供求大致平衡、成本相对稳定的商品。在采用成本加成定价法时，连锁企业需要考虑自身商品的成本结构和市场需求，并根据市场变化和自身情况及时调整商品价格，以保持竞争优势，实现企业的经营目标。

2. 目标收益定价法

目标收益定价法是连锁企业以自身的期望收益为目标制定价格的方法。该方法适用于供不应求或市场占有率较高的商品。在采用目标收益定价法时，连锁企业应预先设定一个收益目标，然后根据投资总额、预期销量、投资回收期等要素对商品进行定价。

3. 盈亏平衡定价法

盈亏平衡定价法又称"保本定价法"，是指在销售量既定的前提下，计算商品达到什么价格时才能使企业处于收支平衡状态的方法，适用于销售困难或市场竞争激烈的商品。例如，某连锁酒店有 200 间客房，全年平均入住率为 50%，此时年销售量为 36 500 间（200×50%×365）。假设该酒店全年开支约为 438 万元，则客房定价 120 元（4 380 000÷36 500）时，该酒店实现盈亏相抵。此时，120 元即为盈亏平衡点，若定价低于这一价格，酒店就会亏损；若定价高于这一价格，酒店就会盈利。

（二）竞争导向定价法

竞争导向定价法是连锁企业根据竞争对手的生产条件、服务状况、价格水平等因素，参考成本和供求状况来确定自身商品价格的定价方法，主要包括随行就市定价法、产品差别定价法等。

1. 随行就市定价法

随行就市定价法是一种"随大流"的定价方法，即连锁企业为避免市场竞争，将市场平均价格或普遍价格作为定价依据的方法，一般适用于同质化程度高、需求弹性较小、供求基本平衡的商品。

2. 产品差别定价法

产品差别定价法是指连锁企业根据自身商品和同类商品的差别进行定价的方法，适用于市场竞争激烈、同质化程度较高的商品。通常情况下，连锁企业可以通过比较商品的性能、质量、产量等要素的差异，估算价格差距，进而对商品进行定价。

经营贴士

为维护社会主义市场经济的健康发展，连锁企业在商品定价和市场竞争中应遵守《中华人民共和国反不正当竞争法》《中华人民共和国反垄断法》等相关法律法规，共同维护市场竞争秩序和公平，避免不正当竞争行为的发生。

（三）需求导向定价法

需求导向定价法是一种以顾客需求和购买力为基础的定价方法，即连锁企业依据市场需求和顾客对商品价值的认知来确定商品价格。需求导向定价法是一种比较抽象和理想的定价方法，主要包括认知价值定价法、需求差异定价法等。

1. 认知价值定价法

认知价值定价法是连锁企业根据顾客对商品的认知价值来确定商品价格的方法，适用于即将上市的新产品。采用认知价值定价法时，连锁企业需要通过市场调查研究顾客对同类商品的价格认知，估计新产品的受欢迎程度，然后对其进行定价。

2. 需求差异定价法

需求差异定价法是指连锁企业根据顾客的不同需求对商品进行定价的方法，适用于需求差异明显且市场能够被细分的商品。采用需求差异定价法时，对于同一商品，连锁企业可能制定不同价格，使价格之间的差额大于成本之间的差额。例如，剧院根据不同的观影角度对座位制定不同的价格。

经营卡片

三种定价方法的区别

  成本导向定价法、竞争导向定价法和需求导向定价法的决定因素和优缺点各不相同，具体如表 4-1 所示。在实际经营中，连锁企业不能拘泥于一种定价方法，而要结合实际情况，采用多种方法互补的方式，对商品进行合理定价，以便更好地适应市场。

手工制品是怎么定价的

表 4-1　三种定价方法的区别

项目	成本导向定价法	竞争导向定价法	需求导向定价法
决定因素	卖方决定	竞争对手决定	买方决定
优点	计算简单，对买卖双方相对公平	有利于市场竞争，创新、优化商品	满足顾客需求，价格灵活
缺点	忽视了市场变化和需求弹性，科学性不足	缺乏主动性，易引起市场相互模仿或恶意竞争现象	调研成本高，费时费力

三、定价策略

  定价策略是连锁企业在核算成本、考虑市场和顾客需求的基础上采取的一系列灵活决策和反应。与定价方法相比，定价策略考虑的因素更多，但其重点不是数值测算，而是如何更好地帮助连锁企业达到经营目标。常见的定价策略有心理定价策略、组合定价策略和折扣定价策略等。

（一）心理定价策略

  心理定价策略是连锁企业根据顾客的购买心理和行为习惯，采用不同的定价方法和技巧，以促进销售和实现经营目标的一种策略。心理定价策略主要包括以下几种。

1. 声望定价策略

  声望定价策略是连锁企业利用品牌声望提高商品在顾客心中的地位，并抬高商品定价的策略，适用于附加值较高且成本不易估算的商品。例如，某品牌洗发水在中国上市时，其定价曾显著高于其他洗发水价格，以彰显产品的高品质和独特性。

2．尾数或整数定价策略

有些商品卖 9.9 元而不卖 10 元，有些商品卖 1 000 元而不卖 999 元，这背后蕴含着一个重要的原理——尾数常常会给人"价廉"的心理感受，整数常常会给人"质优"的心理感受。因此，连锁企业为促销商品定价时，可以采用尾数定价；为高端礼品定价时，可以采取整数定价。此外，为迎合顾客偏好，连锁企业在商品定价时可以侧重使用"6、8、9"等吉祥数字。

3．招徕定价策略

招徕定价策略表现为连锁企业在进行商品定价时，利用部分顾客的求廉心理，特意将几种商品价格设置得非常优惠甚至低于成本价，以吸引顾客，再通过其他商品的销售实现业绩增长。

4．错觉定价策略

错觉定价策略是连锁企业利用顾客对商品价格的知觉误差对其进行定价的一种策略。例如，某商品 3 元 4 斤、4 元 5 斤，会使顾客误以为买得越多越便宜，实际上单价反而更高。

5．拆零定价策略

拆零定价策略是连锁企业将商品的销售单位化整为零并对其定价的一种策略。该策略主要利用了部分顾客对称重单位不敏感的心理特征，适用于需求量较小且价格较高的商品。例如，500 元/千克的茶叶可能会使顾客感觉昂贵，但若使用 50 克的小分量包装，每包只需 25 元，则顾客会认为商品没有那么贵。

（二）组合定价策略

组合定价策略是连锁企业为获取最大的销售利润，把互补或相互关联的商品组合在一起，对其进行集合定价的一种策略。组合定价策略主要包括以下几种。

1．产品线定价策略

产品线定价策略是连锁企业按照商品的内部关联对某一系列商品进行定价的策略。例如，连锁企业将类似款式的女装定价为 350 元、550 元、750 元，很容易使顾客认为它们分别对应着低、中、高 3 个档次，诱导顾客根据个人的消费水平和偏好进行消费。需要注意的是，采用这种定价策略时，连锁企业应根据商品性质合理规定价差，避免价差过大，导致顾客聚焦于某一商品，或价差过小，导致顾客难以做出抉择。

2．捆绑定价策略

捆绑定价策略是连锁企业为了将具有关联性的商品捆绑销售而采取的策略。一般来说，捆绑商品组合的定价低于被捆绑商品价格的总和，可以刺激顾客进行整体消费。例如，便利店经常将豆浆、鸡蛋、包子等商品捆绑为套餐进行销售。

3．分部定价策略

分部定价策略与捆绑定价策略相反，是连锁企业将商品的整体定价拆分为一个基础性定价和其余灵活性定价的策略，适用于价格较高的商品。例如，某化妆品商家将口红芯和口红壳拆开单独售卖；游乐园商家虽只收取较低的入园门票费用，但对园中的游乐项目单独收费。

4. 陪衬定价策略

陪衬定价策略是连锁企业利用顾客相互比较商品价格的购物习惯而采取的定价策略。连锁企业通常会在主力商品周围陈列质量可能略差但定价反而较高的辅助商品，借此衬托主力商品的物美价廉。该策略有利于刺激顾客的购买欲望。

（三）折扣定价策略

折扣定价策略是连锁企业为鼓励顾客反复购买、大量购买或淡季购买而酌情降低商品价格的一种策略。常见的折扣定价策略包括以下几种。

1. 季节折扣策略

季节折扣策略是连锁企业为了使商品销售活动趋于平稳，鼓励顾客淡季购买而采取的策略。例如，商场可能会在春夏季对羽绒服进行打折，鼓励顾客在旺季到来之前购买商品（见图 4-1）。

2. 数量折扣策略

数量折扣策略是连锁企业为鼓励顾客大量购买而给予其折价优惠的一种策略。例如，商家给予消费满 1 000 元或购买 5 件以上商品的顾客 9 折优惠。数量折扣可分为以下两种：一种是对一次性消费数量达到标准的顾客给予折扣；另一种是对一段时间内累计消费数量达到标准的顾客给予折扣。

3. 会员折扣策略

会员折扣是连锁企业给予经常消费的顾客一定的差价和优惠，诱导其反复购买的策略。会员折扣能够促进会员顾客持续消费，提高顾客忠诚度。连锁企业一般在定价时会为商品制定两个价格，一个是正常价格，一个是会员价格，如图 4-2 所示。

图 4-1　商场折扣海报

图 4-2　商品会员价

4. 对象折扣策略

对象折扣策略是连锁企业给予特殊消费群体折扣，从而吸引特定人群消费的定价策略。例如，饮品店在情人节针对情侣顾客推出第二杯半价活动，书店在教师节针对教师顾客推出购买书籍打折活动，等等。

5．推广津贴策略

推广津贴策略是连锁企业为答谢顾客的推广宣传行为而给予其一定优惠的策略。例如，连锁餐饮店常常推出转发门店信息享受免费赠菜或打折的优惠活动。

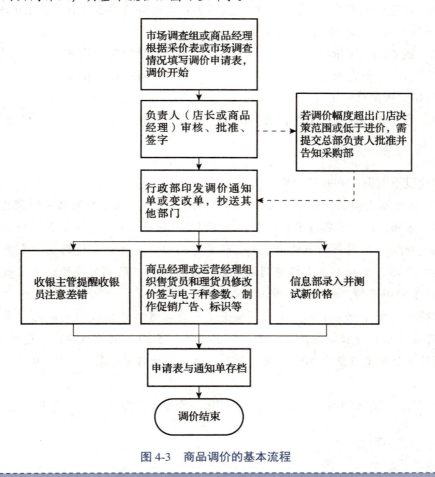

图 4-3　商品调价的基本流程

一、不定项选择题

1. 连锁企业的定价目标有（　　）。

    A. 利润目标   B. 市场占有率目标

    C. 维持生存目标   D. 稳定价格目标

2. 下列属于心理定价策略的是（　　）。

    A. 声望定价   B. 分部定价   C. 组合定价   D. 捆绑定价

3. 下列关于商品定价的说法中，正确的是（　　）。

    A. 连锁企业可以通过一切手段了解竞争对手的商品定价

    B. 商品定价需要综合考虑市场竞争情况和顾客需求等因素

    C. 连锁企业的定价目标就是获取利润

    D. 连锁企业在进行商品定价时，可以通过大幅降价将竞争对手挤出市场

4. 下列不属于成本导向定价法的是（　　）。

    A. 成本加成定价法   B. 目标收益定价法

    C. 盈亏平衡定价法   D. 产品差别定价法

5. 折扣定价策略包括（　　）。

    A. 季节折扣   B. 会员折扣   C. 数量折扣   D. 产品线折扣

二、案例分析题

请阅读以下案例，并回答问题。

J超市是一家大型国际连锁零售企业，在发展过程中，其定价策略几经调整。最初，为进入中国市场，J超市采用了低价策略，参照竞争对手价格，将商品价格下调至正常价格的80%～90%。采用低价策略时，J超市每周三都会派大量人员到主要竞争对手处采价，迅速汇总后，于周四晚上调整商品价格，迎接双休日的销售高峰。通过低价策略，J超市打开了中国市场，吸引了大量顾客。

待取得一定的市场份额后，J超市改变了定价策略，开始按照商品毛利率定价。此外，J超市很少出现整数标签，更多是诸如2.47元或5.29元的价格牌。调查发现，J超市食品类商品中整数定价仅占10%，而日用品、食品、饮料等商品多以5、9为尾数，占比约50%。

（1）请结合案例和所学知识，分析J超市分别采取了哪些定价目标和方法。

（2）请结合案例和所学知识，分析 J 超市采用了哪种心理定价策略。这样做有什么好处？

任务 二　开展促销活动

任务导入

华润万家的年货促销

每年临近春节，都是各大连锁超市最热闹的时节。为提高业绩，让老百姓过个好年，商家们的促销活动可谓别出心裁，不仅处处体现出"中国年"的人情味，还隐藏着丰富的经营策略。

从腊月开始，华润万家生活超市（以下简称"华润万家"）率先开启了促销活动，涉及干果、鲜肉、水果等多种年货。为突出这些年货的特色，华润万家设计了多个促销主题，有"回家看爸妈，家里饭最香"的土特产年货专区；有"走亲访友，拿得出手"的休闲礼品、礼盒专区；有"美到没朋友"的洗护专区……琳琅满目的商品搭配充满年味的旋律，吸引了广大顾客前来购买。

为激发大家的购物热情，华润万家推出了多种打折促销和优惠策略，如购物满168 元即可获赠 10 元代金券、会员顾客凭会员卡享受 8.8 折优惠等。线下活动热闹非凡的同时，华润万家的线上活动也不甘示弱。顾客在超市消费后，可以在万家 App 上参与在线抽奖，赢得各种品牌券和奖励。此外，万家 App 还上线了"万家农场""万粉锦鲤""美好生活比个耶"等话题互动小游戏，方便顾客参与并获得礼品。

华润万家的负责人称，为了这场新年促销，早在一个月之前，各门店就开始紧急备货，以确保货源充足和物价稳定。

（资料来源：中国连锁经营协会，《广州华润万家全线启动年货促销》，

中国连锁经营协会官网，2015 年 1 月 29 日）

你在商场开展促销活动时购买过商品吗？有什么感受？

一、促销活动策划

促销活动是连锁企业为销售商品或提高业绩而举行的短期降价、赠送等活动。在促销

活动开始之前，连锁企业的相关人员需要对促销内容和活动流程进行策划（见图4-4）。

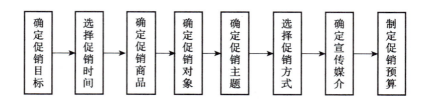

图 4-4　连锁企业促销活动的策划流程

（一）确定促销目标

1. 确定促销目标时长

按照实现时间的不同，促销目标可分为短期目标和长期目标。短期目标主要包括吸引新顾客、清库存、提高销售额或销售量、推广新产品等。长期目标则包括提高企业效益、树立企业形象等。相比于长期目标，短期目标更加具体且容易执行。因此，在实际经营中，连锁企业应侧重制定短期目标，并通过多个短期目标的阶段性达成实现长期目标。

2. 确定促销目标对象

按照对象的不同，促销目标可分为内部目标和外部目标。内部目标主要包括提高员工的积极性和营销能力、提升利润等，外部目标主要包括促进顾客的购买行为等。

3. 量化目标

为便于促销活动的执行，在确定促销目标时，连锁企业需要引入相关指标对促销目标进行量化，如进店人数、销售量、营业额增长率等，以便在活动结束后对促销活动进行评估。

（二）选择促销时间

促销时间包括两个方面：一是促销活动的开展时间，即促销时机；二是促销活动的持续时间。

1. 促销时机

连锁企业开展促销活动要选择恰当的时机，如新店开业、节假日、商品淡旺季、重大庆典等。

2. 持续时间

促销活动的持续时间一般需要根据活动的开展情况具体分析，包括顾客的反应、活动预算的使用情况等。例如，"双11"期间居民的消费热情高涨，各大商家的活动力度较大，持续时间也会相对较长。

（三）确定促销商品

在促销活动开始前，连锁企业应确定相应的促销商品，包括主推商品、引流商品、礼品或赠送品、特价品、包装品等。对于主推商品，连锁企业应着重选择季节性强、受大众欢迎的商品。

（四）确定促销对象

促销对象会影响促销活动的内容和规则。例如，情人节促销活动中，连锁企业可以使用互联网或在线工具，为情侣顾客营造浪漫、甜蜜的活动氛围；重阳节促销活动中，连锁企业应制定相对简单的活动规则，为中老年顾客营造热闹、温馨的活动氛围。简而言之，连锁企业需要分析促销对象的社会阶层、生活方式和个性特征，进而设计出相应的促销活动。

（五）确定促销主题

连锁企业若在多个城市开展系列促销活动，就需要统一活动主题，使各门店的促销活动形成有机的整体。促销主题是整个促销活动的核心，它概括了促销活动的目标，为整个活动提供了方向和指导。

促销主题可以配合相应的主题词来传达信息。主题词应符合促销主题，具有新意，悦耳动听，充满号召力和感染力。连锁企业可以在活动开始前就广泛宣传主题词，从而不断加深顾客的印象，刺激其购买欲望。

节日促销主题词

（1）春节：新春不打烊，惊喜数不尽！
　　　　　新年"衣"始，好"饰"发生！
（2）端午节：万水千山"粽"是情，超低折扣我看行！
　　　　　　浓情端午，"粽"享快乐！
（3）七夕节：爱在七夕，有"礼"更甜蜜！
　　　　　　将爱呈上，与你共享专属"食"光！
（4）中秋节：月饼醉人的香甜，治愈人间的思念……
　　　　　　惠购中秋礼，共享团圆味！

（六）选择促销方式

促销方式的选择需要结合连锁企业的经营内容、商品特点、促销目标、场地等因素。促销方式丰富多彩，如表 4-2 所示，连锁企业可根据实际经营状况选择合适的促销方式。

表 4-2　促销方式

促销方式	形式和特点
现金券或优惠券	通过在宣传页上打印一定面值的奖券，或通过公众号、小程序等在线方式发放优惠券，供顾客持券兑换或购买商品
折扣或降价	直接给予商品特价或折扣，以价格优惠促进顾客购买，如满减、半价等活动
赠品	对购买商品的顾客赠送礼品，如买一送一等
讲座	在推出新品前，对顾客进行免费科普或服务，同时宣传商品的功能、用途，吸引顾客购买商品
有奖竞猜	购买商品时，让顾客参与游戏并回答问题，根据情况给予一定的礼品和优惠
积分兑换	将顾客过去消费积攒的积分兑换成商品或权益，鼓励顾客持续消费
演示或讲解	现场演示或讲解商品，引起顾客的关注，并赠送给顾客一定的样品，鼓励顾客购买商品
快闪店	根据购物热潮在路边或卖场的显眼位置设立临时性店铺，吸引顾客购买商品
展览会	提前打造商品聚落，一般由多家连锁企业在固定场地举办，并邀请顾客到场参观、体验和消费
抽奖	事先安排好不同等级的奖品或奖券，邀请顾客通过参与盲盒抽取、刮奖等方式获得奖券并消费
联合促销	多家连锁企业联合举办促销活动，顾客在一家店内购买商品，可以获得另外一家店的相关优惠或礼赠

（七）确定宣传媒介

在促销活动开始之前，连锁企业需要对促销活动进行预热宣传，并利用合适的宣传媒介将促销活动信息发布出去。在确定宣传媒介时，连锁企业应根据促销活动的力度、消费群体偏好和预算等因素做出决策。在实际经营中，常见的促销宣传媒介有以下几种。

1. POP 广告

POP 广告意为焦点广告或购买点广告。广义的 POP 广告包括在卖场内陈列的一切与商品信息有关的广告、条幅、陈设、广播、电子录像等。狭义的 POP 广告是指在商品展柜附近设置的用以促进商品销售的实体广告媒体。

POP 广告能够通过强烈的色彩对比和醒目的广告语吸引顾客的注意，从而起到宣传的作用，如图 4-5 所示。

图 4-5　POP 广告

2．DM 广告

DM 广告是指通过邮寄的方式，将广告投放到顾客的住所或工作场所等地点的宣传媒介。除邮寄外，DM 广告还可以通过杂志夹带、柜台散发、专人送达、随商品包装发出等方式实现。与其他宣传媒介相比，DM 广告的投放对象更加精准，范围更广，宣传力度也更大。但在使用 DM 广告时，连锁企业要避免因滥投滥放而引起顾客的反感。

3．新媒体广告

新媒体广告是区别于传统媒体广告的宣传媒介，在传播形式、技术和载体上更加新颖灵活。新媒体广告的形式主要包括以下几种。

（1）网络媒体广告。网络媒体广告一般投放在网络平台，如搜索引擎、社交平台、网站门户、虚拟社区等。

（2）信息通信媒体广告。信息通信媒体广告是利用手机进行投放的媒介，包括手机短信、彩信、短剧、电话等。

（3）户外和移动媒体广告。户外和移动媒体广告包括户外投影广告、楼宇 LED 广告、车体广告等。

随着通信技术和网络技术的发展，新媒体广告的形式朝着多元化的方向发展。总的来说，新媒体广告的互动性更强，且不受时间和地域的限制。但是，新媒体广告容易造成对顾客的骚扰，且投放成本较高。

经营互动

你还知道哪些宣传媒介，它们有哪些利弊？请结合个人经历谈一谈。

电视广告宣传的利与弊

（八）制定促销预算

开展促销活动的费用一般包括策划费、场地费、设备费、广告设计制作与宣传费、公关费、人力费等。

若促销活动由总部开展，则总部会对门店的花销进行统一策划；若促销活动由门店开展，则门店需要自己制定预算。通常情况下，各门店可以提取一定比例的销售收入作为促销费用，并根据全年预算和促销次数进行分摊。各门店根据促销活动的规模和目标的不同，可以增减促销项目，合理制定促销预算。此外，连锁企业还可以寻求外部赞助以增加促销预算，如在促销活动中张贴品牌标志以吸引赞助商的加入。

二、促销活动实施

为确保促销活动取得成功，连锁企业不仅要在活动前做出周密的策划，还要在活动过程中合理安排各个岗位人员，共同对活动现场和商品进行管理。在促销活动的实施过程中，连锁企业需要完成的工作包括以下几个方面。

（一）人员安排

1．人员分工

一般来说，促销人员包括总负责人、销售人员、联络人员、机动人员、保洁人员等。如果活动现场人数较多，连锁企业还应当设置安保人员。

为保证促销活动持续进行，总负责人应安排好出勤人数、班次、休息时间，确保顾客在每个时间段都能享受到良好的服务。

2．人员培训

为确保每位活动参与人员了解促销活动内容，总负责人应当对员工进行培训和考核，使所有员工务必了解促销活动开始与结束的时间、促销规则、商品功能等信息，避免一问三不知，影响顾客的购物体验。此外，总负责人还应指导促销人员识别目标顾客，向促销人员传授销售技巧，提升服务质量，避免出现怠客、抢客等现象。

3．人员形象

促销人员应当统一着装，穿戴整齐，保持整洁，热情大方地与顾客交流，向顾客介绍促销活动，进而推销商品。为方便顾客寻找促销人员，促销人员可以佩戴绶带、工牌等标志物。

（二）商品管理

1．价格管理

连锁企业应将调整后的商品价格记录在价目表上，并同步修改价格结算系统，避免价格混乱，与顾客产生纠纷。需要注意的是，促销商品的调价应当控制在合理范围内，若优惠力度不足，则难以刺激顾客的消费欲望；若降价太多，可能导致顾客认为商品本身的价值不高，不利于后续的销售。

2．库存管理

在促销活动开始前，连锁企业应当预测销售量并准备充足的库存，避免缺货。同时，促销商品还应设立独立库存，避免与普通商品相混淆，以便促销活动结束后连锁企业及时进行数据分析与评估。

此外，连锁企业还应当为促销活动设立库存预警和调拨系统，以便促销商品到达库存预警时及时补货，并合理调配各门店的商品，实现最优配置。

3．售后管理

一般来说，购买促销商品的顾客与其他顾客享受相同的售后服务和政策。若促销商品不含退换或维修等服务，连锁企业需要在促销活动中明确告知顾客。

（三）广告布置

布置 POP 广告是促销活动中的重要环节之一。POP 广告不能遮挡商品，也不得直接贴在或绘制在商品上。当 POP 广告放置不便时，门店可以使用鱼线悬挂，但广告不能与商品离得太远，避免顾客对应不起来。在内容上，POP 广告必须标明商品名称、规格、产地、单位、售价及原价等信息。

（四）氛围营造

良好的促销氛围有利于顾客长时间在活动现场停留并进行消费。氛围营造包括以下几个要点：第一，保持良好的卫生环境，如促销活动中食品类商品较多，应杜绝串味，保证空气清新；第二，在商品陈列和广告布置上，多使用对比度鲜明的色彩，注重视觉和谐，避免大量留白；第三，在声音上，通过播放叫卖声或热闹的音乐吸引顾客的注意，并告知顾客商品信息和价格。

📍 经营案例

春节"氛围组"——浓郁年味迎新春

为迎接新年，T 商场结合顾客的文化和情感需求，在多个门店开展了特色体验活动，以"场景+互动+乐趣"为主题，为顾客营造新年主题氛围（见图4-6），使顾客在购物之余感受浓浓年味。

苏州门店搭建了庙会，邀请顾客穿汉服打卡；湖南门店推出新春年俗表演；深圳门店打造了首家"山海经"主题非遗灯会，借助《山海经》中的吉祥瑞兽，打造出一个新颖的新春转运福地，并囊括新春灯谜会、糖画、脸谱、剪纸等体验活动。这些场景中不仅存在诸多消费点，还通过热闹的氛围引发了顾客对春节的情感共鸣。

图4-6　新年主题氛围

（资料来源：李旖露、周锦春，《当好"春节氛围组"，浓郁年味迎瑞兔》，

深圳新闻网，2023 年 1 月 17 日）

（五）流量运营

随着时代的发展，越来越多的连锁企业开始注重流量运营，尤其是对私域流量的运营。私域流量运营是连锁企业从公共平台上获取顾客，保存为企业私有信息资源并运作、转化的一种运营形式。

在市场竞争日益激烈的背景下，连锁企业不仅需要不断扩大新客群体，还需要巩固老客群体。因此，在促销活动中，促销人员可以通过赠送礼品等方式将新老顾客转化为企业好友，或通过引导顾客关注企业公众号、参与小程序等方式将顾客信息保存下来，以便日后逐步将他们转化为企业的忠实顾客。

三、促销活动评估

促销活动评估是测量和分析促销活动效果的过程，旨在了解促销活动对商品销售、企业知名度等的影响。促销评估方法主要有以下几种。

（一）过程检查法

过程检查法是指在促销的前、中、后阶段，对各个环节进行逐一检查，分析每个环节落实情况的评估方法。过程检查法的主要内容如表 4-3 所示。

表 4-3　过程检查法的主要内容

阶段	主要内容
促销前	（1）促销宣传单是否发放，POP 广告是否准备妥当。 （2）所有活动参与人员是否均已知晓促销活动相关细则。 （3）促销商品是否已经订货或进货。 （4）是否已经通知信息部门为促销商品调价
促销中	（1）促销商品是否齐全、数量是否足够。 （2）促销商品是否变价。 （3）促销商品的陈列是否合理。 （4）促销商品的 POP 广告是否张贴妥当。 （5）促销商品的品质是否良好
促销后	（1）商品是否恢复原价。 （2）过期海报、POP 广告是否均已拆下，宣传单是否已回收。 （3）商品陈列是否恢复原状

（二）前后比较法

前后比较法是连锁企业通过比较促销活动前后时段的营业状况（如成本、销售额等），评估促销活动是否有效的方法。例如，某商家在 9 月的第三周对一款单位成本为 1.5 元的饮料开展了为期一周的促销活动，花费促销费用 600 元。该商家 9 月份的整体销售情况如表 4-4 所示。

表 4-4　销售情况表

项目	促销活动开始前		促销活动开始后	
	第一周	第二周	第三周	第四周
销量	1 000 瓶	1 000 瓶	2 400 瓶	900 瓶
单价	3 元	3 元	2.5 元	3 元
利润计算	销售额=1 000×2×3=6 000 元 成本=1 000×2×1.5=3 000 元 利润额=6 000－3 000=3 000 元		销售额=2 400×2.5+900×3=8 700 元 成本=（2 400+900）×1.5+600=5 550 元 利润额=8 700－5 550=3 150 元	

根据表 4-4 可知，通过促销，该饮料的利润从 3 000 元上升到 3 150 元，即利润额增加 150 元。因此，本次促销活动是成功的。

但事实上，并不是所有促销活动都能产生积极的效果。通过前后比较法评估，促销活动可能会呈现以下 4 种效果。

1. 大起小落

大起小落，即在促销活动期间，销售额大幅度增长，在促销活动结束后，销售额出现小幅下降，但下降后的销售额依然高于未举办活动时的销售额，如图 4-7 所示。这种情况说明，促销活动效果显著，能够对商品销售起到积极作用。

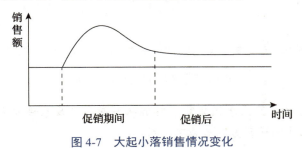

图 4-7　大起小落销售情况变化

2. 平起平落

平起平落，即在促销活动期间，销售额出现一定增长，在促销活动结束后，销售额回归于正常水平，如图 4-8 所示。这种情况说明，促销活动刺激了顾客提前购买商品，但活动影响的深刻性不足，对开发新顾客和提高顾客重复购买率没有发挥显著作用。

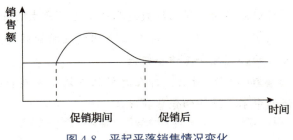

图 4-8　平起平落销售情况变化

3．小起大落

小起大落，即在促销活动期间，销售额有所增长，在促销活动中期或结束后，销售额下降且下降后的销售额明显低于促销活动之前的销售额，如图 4-9 所示。这是连锁企业最不愿意看到的场景。出现这种情况可能是因为商品本身存在问题或市场竞争激烈，原有顾客的消费意愿发生动摇且没有新顾客的加入，所以促销效果不佳。

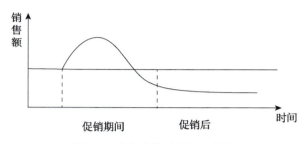

图 4-9　小起大落销售情况变化

4．不起不落

不起不落，即在促销活动期间，销售额没有明显增长，在促销活动结束后，销售额也没有明显下降。这种情况说明，促销活动不恰当或该商品已经进入衰退期，即将被市场淘汰。

门店销售额的计算方法

使用不同的方法计算门店销售额，能够从不同角度反映连锁企业促销活动的效果。常用的门店销售额计算方法有以下几种。

方法一：门店销售额=客单价×客单数，即顾客的平均消费金额与顾客人数的乘积。这种计算方法是连锁企业门店应用最广泛的一种方法，主要用以评估客流量和顾客消费能力。

方法二：门店销售额=坪效×坪数，即每平方面积产生的销售额与卖场面积的乘积，主要用以衡量促销商品陈列和布局的合理性。其中，坪效原指每坪（约 3.3 平方米）产生的营业额，目前业界通常说的坪效是指每平方米产生的营业额。

方法三：门店销售额=人效×人数，即店员平均创造的业绩与店员人数的乘积，主要用以评价人员配置的合理性和工作积极性。

方法四：门店销售额=时效×时数，即每时段的平均销售额和时段数量的乘积，主要用以评价促销活动中不同时间的销售状况。

（三）目标评估法

目标评估法是连锁企业通过比较促销活动目标和实际业绩，评估促销活动是否有效的方法。使用该方法的前提是促销活动的目标明确且容易量化。若促销目标是提高企业知名度、获得顾客的好感等非显性目标，则连锁企业需要制定相应的指标体系，以评估促销活动是否有效。

一般来说，目标完成率在95%~105%之间的，说明促销活动表现正常；超过105%的，说明促销活动表现超常；不足95%的，说明促销活动表现不佳。

（四）顾客调查法

顾客调查法是指连锁企业抽取适当数量的顾客作为调查样本，通过分析调查结果，评估促销活动是否有效的方法。在调查前，连锁企业需要确定调查项目和指标，如顾客对促销活动的了解情况、对促销商品的购买倾向等。

 经营卡片

促销活动评估报告

促销活动结束后，连锁企业应结合促销活动的费用、销售额和调查情况出具评估报告，如表4-5所示。

表4-5　评估报告

制表人			制表时间		
宣传物料	名称		数量		费用
促销期间单品销售排名					
序号	商品编码	商品名称	单价	数量	金额
1					
2					
3					
销售统计	预计投入		实际投入		
	预计收入		实际收入		
活动评价					
出现的问题及原因					
建议					

任务考核

一、不定项选择题

1. 连锁企业评估促销活动的方法有（　　　）。
   A. 集体评估法　　　　　　　　　　B. 前后对比法
   C. 过程检查法　　　　　　　　　　D. 目标调查法

2. （　　　）的销售变化说明促销活动的效果较好。
   A. 小起大落　　　　　　　　　　　B. 平起平落
   C. 不起不落　　　　　　　　　　　D. 大起小落

3. 连锁企业常用的促销方式有（　　　）。
   A. 现金券或优惠券　　　　　　　　B. 折扣或降价
   C. 抽奖　　　　　　　　　　　　　D. 长期促销

4. 策划促销活动的流程主要包括（　　　）。
   A. 确定促销目标　　　　　　　　　B. 选择促销时间
   C. 确定促销商品　　　　　　　　　D. 确定促销对象

5. 在促销活动开始前，连锁企业可以选择（　　　）进行预热宣传。
   A. POP 广告　　　　　　　　　　　B. 网络媒体广告
   C. DM 广告　　　　　　　　　　　 D. 户外和移动媒体广告

二、简答题

1. 简述促销活动实施中人员安排的要点。

2. 简述过程检查法所检查的主要内容。

项目实训

任务描述

全班学生以小组为单位，从连锁超市或便利店中选择一款自己熟悉的商品，收集该商品的相关资料，然后结合所学知识完成以下任务。

（1）分析连锁企业对该商品的定价是否合理。

（2）以该商品为对象，各小组设计、制作并提交一份促销活动方案，模拟开展促销活动。

（3）各小组制作并提交一份宣传广告（形式不限，手工绘制或电脑打印均可，须为彩色，大小在 A4 以上为宜）。

任务目标

（1）掌握连锁企业商品定价和开展促销活动的原理和方法。

（2）提高分析、策划和动手能力。

任务分组

全班学生以 5～7 人为一组，每组选出 1 名组长。组长与组员共同进行任务分工，并将小组成员和分工情况填入表 4-6 中。

表 4-6　小组成员和分工情况

班级			组号		指导教师	
小组成员	姓名		学号		任务分工	
组长						
组员						

任务实施

将实训任务的具体完成情况记录在表 4-7 中。

表 4-7 实训过程记录表

负责人、时间、任务分配	实施步骤
	1. 所选商品的基本信息 商品名称和规格＿＿＿＿＿＿＿＿＿＿＿＿＿＿＿＿＿＿＿＿＿＿ 商品价格是＿＿＿＿＿＿＿＿＿＿＿＿＿＿＿＿＿＿＿＿＿＿＿＿＿ 你认为它的定价＿＿＿＿＿＿（偏高/偏低/合理）
	2. 列举所需要的知识点
	3. 定价合理性分析（成本分析、顾客分析、市场对比分析、策略分析等）
	4. 制作促销活动方案和宣传广告，组内讨论并进行优化
	5. 你在促销活动中拟担任＿＿＿＿＿＿角色，你的主要任务或工作要点是＿＿＿＿＿＿＿＿＿＿＿＿＿＿＿＿＿＿＿＿＿＿＿＿＿＿＿＿＿＿ ＿＿＿＿＿＿＿＿＿＿＿＿＿＿＿＿＿＿＿＿＿＿＿＿＿＿＿＿＿＿＿＿ ＿＿＿＿＿＿＿＿＿＿＿＿＿＿＿＿＿＿＿＿＿＿＿＿＿＿＿＿＿＿＿＿
	6. 评估促销活动要点和拟采用的方法
	7. 记录实训中的心得体会或遇到的问题

学习成果评价

教师根据学生的课堂表现、实训过程表现和作业完成情况对学生进行评价，学生在教师指导下进行组内互评，师生共同填写学习成果评价表（见表4-8）。

表4-8　学习成果评价表

班级		组号		日期		
姓名		学号		指导教师		
学习成果						
评价维度	评价指标	评价标准	分值	评价分数		
				互评	师评	
知识评价	理解知识	熟悉连锁企业商品定价的方法和策略	5			
		熟悉促销活动的策划、开展与评估	5			
	应用知识	能够运用所学知识，解释现实生活中各种经营行为和现象	10			
能力评价	美术制作能力	能够在广告制作中展现出审美意趣，利用美术技能进行绘图或制图	10			
	团队合作能力	能够配合团队其他人，进行有效的分工与合作	10			
	创新实践能力	能够分析实际生活中的问题，并提出解决问题的新方法	10			
素养评价	学习态度	能够积极参与课堂讨论，独立、按时完成任务考核与实训作业	5			
		能够投入时间和精力来学习，并享受学习过程	5			
	心理素质	能够正确面对他人批评，并保持良好的情绪，迎难而上，持之以恒	10			
	反思意识	能够对自身的学习状态和成效进行审视和反思，并及时总结经验，调整学习策略	10			
成果评价	促销活动方案	内容翔实，条理清晰，具有可操作性和实践价值	10			
	宣传广告	设计美观，重点突出，要素完整	10			
合计			100			
总评	互评（30%）+师评（70%）=			教师（签名）：		

项目五

开拓进取
——连锁企业的门店开发

项目导读

从本质上说，连锁经营是一种追求规模效益的经营方式。连锁企业在创业初期积累了一定的社会资源和优势后，即可实施扩张战略。其中，扩张门店是连锁企业构建经营网络，提升竞争力的重要途径之一。在扩张门店时，连锁企业需要选择合适的地点开设新店，设计和优化其内外部环境，改善商品的布局和陈列，以吸引顾客。因此，本项目以门店开发为主要内容，旨在提高学生策划、设计新店的能力。

知识目标

（1）理解连锁企业商圈分析和地点分析的主要内容。

（2）掌握连锁企业门店外观和内部设计的内容及要点。

（3）熟悉连锁企业门店商品陈列的原则和方法。

能力目标

（1）能够联系实际生活，评估门店选址与设计的合理性。

（2）能够综合考虑多种因素，为连锁企业的门店开发制订合适的方案。

素养目标

（1）感受门店设计和商品陈列的美感，提高审美情趣。

（2）全面、辩证地看待问题，树立可持续发展的商业理念。

任务 一 选择门店地址

任务导入

香格里拉酒店集团的门店选址策略

香格里拉酒店集团是亚洲规模较大的一家高端连锁酒店企业。1971年，香格里拉酒店集团在新加坡开设了第一家门店，随后不断向外扩展，在东亚、东南亚等地陆续开设门店，并逐渐成长为颇具东方特色的酒店代表，吸引了众多游客和商务人士。

北京国贸香格里拉酒店位于北京市中央商务区的核心地带。酒店紧邻的国贸商城，包含了国际精品、服装服饰、家居生活、美妆护理、餐饮美食、休闲娱乐等类目，能够为入住酒店的顾客提供高雅的购物环境和丰富的生活体验。此外，酒店所处的中国国际贸易中心还分布着密集的公寓、写字楼等，此地可谓是集居住、办公、商业、娱乐于一体的黄金地带。

上海静安香格里拉酒店位于静安区的核心商业区——嘉里中心。该商圈是上海重要的商业、贸易、金融聚集地，日均人流量达30万人次。同时，上海静安香格里拉酒店在交通上也占据了得天独厚的优势。该门店距离上海站和上海南站两个火车站均不足10千米，距离上海虹桥国际机场13.2千米，距离最近的静安寺地铁站仅100米。入住的顾客不论选择哪种交通方式，出行都十分便利。

总的来说，香格里拉酒店集团旗下的门店多开设于人口密集的一二线城市或热门旅游城市的核心商业区域。也正是依靠所在区域便利的交通和完整的旅行、消费、商务功能，香格里拉酒店集团在世界各地开设的门店才能吸引大量顾客，成为商旅人士旅游观光、商务出差的首选住宿场所。

你外出入住酒店时，最注重哪些因素？为什么？

一、商圈及其分析

（一）商圈

商圈是指一家门店以其所在的地点为中心，沿着一定的方向和距离扩展，吸引顾客的辐射范围。它是来店内消费的顾客所居住的区域范围，即门店的销售范围。

1. 商圈的构成

按照距离的远近和辐射范围的不同，商圈可分为以下 3 个部分，如图 5-1 所示。

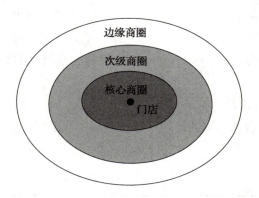

图 5-1　商圈的构成

（1）核心商圈。核心商圈是最靠近门店的区域。该商圈的顾客密度最高，约占门店顾客的 55%～70%。在这个区域内，顾客可以步行到达门店，并为门店贡献 70%左右的销售额。

（2）次级商圈。次级商圈位于核心商圈的外围。该商圈的顾客密度低于核心商圈，约占门店顾客的 15%～25%。在这个区域内，顾客可以选择骑行等轻便交通方式到达门店，并为门店贡献 25%左右的销售额。

（3）边缘商圈。边缘商圈位于次级商圈的外围。在这个区域内，顾客分散且不太方便到达门店，只能为门店贡献 5%左右的销售额。一般情况下，经营规模较小的门店几乎没有来自这一区域的顾客。

经营贴士

　　为便于分析，研究者常常将商圈抽象地表示成以门店为中心向外辐射的圆形。但是在现实生活中，因受多种因素的影响，商圈通常表现为各种不规则的多边形。

2. 商圈的类型

按照不同的消费特点和功能，商圈可分为以下 5 种形态。

（1）商业区。商业区是指各类行业聚集、人口密集、交易频繁的区域，一般位于城市中心、重要的交通路口或街道及大型公共设施附近。在商业区中，门店的类型比较丰富，包括大型购物中心、百货商场、专卖店等。

（2）住宅区。住宅区是指城市中供居民居住的区域，一般以居民住宅为主体，并建有配套的公共设施。在住宅区中，门店主要经营亲民、便民的商品，经营面积一般不大。

（3）文教区。文教区是指附近有大、中、小学校的区域。在文教区中，门店以销售休闲食品和文教用品为主，消费群体以学生居多，其消费金额普遍不高。

（4）办公区。办公区是指办公大楼林立、商务人士聚集的区域。在办公区中，门店主要提供多种类型的商业活动和服务，包括但不限于餐饮、零售、娱乐等。

（5）混合区。混合区融多类型商圈于一体，是具有多重功能和顾客来源的区域，如商住混合区、住教混合区等。该类商圈既具备各类型商圈的消费特点，也可能发展出新的特点，结构相对复杂。

3．商圈大小的影响因素

商圈大小既受门店内部因素的影响，也受外部因素的影响，其影响因素具体如表 5-1 所示。

表 5-1　商圈大小的影响因素

影响因素		具体表现
内部因素	门店的经营特色	门店的经营特色越强，商品的技术性越强，商圈范围越大；反之，商圈范围越小
	门店的经营规模	门店的经营规模越大，商品数量和种类越全，商圈范围越大；反之，商圈范围越小
	门店的促销宣传	门店的促销活动越丰富，宣传度越高，商圈范围越大；反之，商圈范围越小
外部因素	竞争门店的位置	与竞争门店之间的距离越远，商圈范围越大；反之，商圈范围越小
	消费群体的流动性	消费群体的来源越广泛，流动性越强，商圈范围越大；反之，商圈范围越小
	交通条件	交通越便利，商圈范围越大；反之，商圈范围越小
	地理条件	地理障碍（山川、河流等）越少，商圈范围越大；反之，商圈范围越小

4．商圈的确定方法

（1）类推法。类推法是指连锁企业参照类似区域中已有店铺的商圈范围来确定自身商圈的方法。采用这种方法时，连锁企业会参考其他店铺的商圈范围，通过对比自身与其他相似店铺在经营规模、经营特色等方面的差异，做出合理规划，从而确定自身的商圈范围。

（2）顾客调查法。顾客调查法是指连锁企业通过调查确定门店的最远来客，并将最远来客的住址在地图上标注、连接起来，进而展现出商圈范围的方法。一般情况下，连锁企业会采取问卷调查的方式获取顾客的信息，调查问卷的内容应包括顾客的住址、购买意愿、购买频率等信息。

（3）地理信息系统法。地理信息系统法是指连锁企业利用地理信息系统对与商圈相关的要素进行分析，以确定商圈范围的方法。地理信息系统可以综合分析大量的地形、人口密度、交通流量等信息，以便连锁企业估算出商圈范围。

（4）数学法。数学法是指连锁企业利用数学模型确定商圈的方法。采用这种方法时，连锁企业可以将人口、距离、顾客光顾概率等数据作为确定商圈的参数，并导入具体的公式或模型中进行计算和分析。

（二）商圈分析

商圈分析是指连锁企业对门店的商圈构成、特点、范围及影响商圈变化的因素进行实地调查和综合研究的过程。其主要目的是为连锁企业的门店选址工作提供决策依据，判断该区域是否有开店价值。

1. 人口分析

人口分析主要是分析商圈内的人口规模、人口密度、人口结构、人均可支配收入、人口变化趋势等。

（1）人口规模。人口规模是指在一定时点、一定区域内的人口总量，通常用人口数量来表示。商圈内的人口数量多，说明顾客的消费潜力大，连锁企业经营成功的机会也较大。因此，连锁企业需要了解各个商圈的人口规模，从而估算该商圈的商业价值。一般来说，连锁企业可以从以下 3 个来源统计商圈的人口数量，如表 5-2 所示。

表 5-2　人口来源和统计方法

来源	解释	特征	统计方法
居住人口	商圈范围内的常住人口，具有地域性	静态	采集当地的人口统计数据
工作人口	工作地点在商圈内或商圈附近的人口，可能在上下班路上消费		
流动人口	从商圈的交通要道或场所经过的人口，消费随意性较大	动态	观察商圈内不同地点的人流量

（2）人口密度。人口密度是指商圈内单位面积的人口数。商圈内的人口密度越大，说明顾客分布越集中，连锁企业获取顾客的能力就越强。例如，甲、乙两个商圈都有 20 万人口，若甲商圈的人口密度较高，则甲商圈的顾客与门店的距离就较近，门店经营效益就可能更高。

（3）人口结构。人口结构是指一个商圈的人口组成情况，包括年龄、性别、职业等。如果说人口规模决定了消费规模，那么人口结构就决定了消费内容。因此，为了解商圈内主要消费群体的需求，连锁企业需要分析商圈内不同属性人口的比例。

（4）人均可支配收入。人均可支配收入是指个人收入扣除各种税费之后的余额。商圈内的人均可支配收入高，说明顾客的消费潜力大，连锁企业经营成功的机会也较大。

（5）人口变化趋势。人口变化趋势是指一定时期内人口在数量、结构、分布等方面所发生的变化。人口变化会对社会和经济的发展产生重要的影响。因此，连锁企业在进行商圈人口分析时，不仅要考虑人口的静态状况，还需要对人口的动态发展趋势做出预测。例如，如果某一地区人口老龄化进程加快，则养老型服务连锁企业选择在该区域开设门店是有可能获得经营效益的。

2．市场饱和度分析

市场饱和度是指在一定时期内，某一商品或服务在市场上的供应量与需求量之间的比例。市场饱和度较高，说明该商品或服务的供应量已经接近或达到需求量，市场竞争激烈，商业机会有限，连锁企业应当放弃在该区域开店或缩小门店面积；市场饱和度较低，说明该商品或服务的供应量小于需求量，商业机会较大，连锁企业可以在该区域开店，积极拓展市场。

3．商业环境分析

（1）经济基础。商圈的经济基础是连锁企业运营的重要保障。经济基础好，居民收入稳定，门店的销售情况就会相对稳定；反之，经济基础差，市场容易波动，门店的销售情况也会不太稳定。

（2）城市规划。一般情况下，门店地址一旦选定就不会轻易挪动。因此，在进行商圈环境分析时，连锁企业需要了解该地的城市规划，并结合街道、市政、绿化、住宅等项目近远景的规划对选址区域进行综合分析，使店址既符合短期需求，又符合长期规划。例如，有的区域从短期来看位置良好，但随着城市发展可能会逐渐被抛弃；而有的区域虽然当前热度不足，但从长远来看，其相关设施会得到完善，很可能成为具有发展前途的商业中心。

（3）其他条件。连锁企业在进行商圈环境分析时，还需要考虑供应商、政策支持、地区开放程度和法律规范程度等因素。例如，许多服装门店分布在服装生产工厂或批发市场附近，就是考虑到距离供应商较近，可以降低采购成本。

💡 经营案例

西安小寨商圈分析

西安小寨商圈以小寨路为中心，长约 4.3 千米，宽约 1.8 千米，覆盖范围约 7.74 平方千米，是西安市具有代表性的成熟商圈之一。

从人口方面看，小寨商圈内常住人口数量超过 13.7 万，周边含大专院校及科研院所近 20 个，日均人流量达 30 万～50 万人次。

从城市规划方面看，小寨商圈坐拥长安南路、雁塔路、朱雀路、含光路、太白路、南二环等多条城市主干道及多条地铁线路，交通条件甚是便利。

从商业基础方面看，小寨商圈云集大小商家两千多家，商业业态涵盖完整，竞争比较激烈。

（资料来源：金毅，《中国重点城市商圈分析与商家选址参考》，
化学工业出版社，2016 年）

二、地点分析

地点分析是确定门店地址的第二项重要内容，主要是在商圈中选择一个合适的位置，并研究其合理性。与商圈分析相比，地点分析的内容更具体、更深入。

（一）客流分析

客流是影响门店经营效果的关键因素。门店想要获得经营成功，就需要对客流进行分析，包括客流类型、客流量、客流速度和滞留时间等。

1. 客流类型

连锁企业的客流类型一般分为自身客流、分享客流与派生客流。

（1）自身客流是指那些有目的的、专门为购买店中商品而来的顾客。这些顾客是门店客流的基础，也是门店销售收入的主要来源。

（2）分享客流是指一家店从邻近店形成的客流中获得的流动顾客。许多小店选择邻近大店而设，目的就是享受大店的分享客流。

（3）派生客流是指那些不是专程购买商品，而是因其他目的顺路进店的顾客。这些顾客可能原本并没有购物的打算，但是因被店内的商品所吸引而一时兴起进店消费。一般来说，开设在公共交通站点、公共场所附近的门店能够获得较多的派生客流。

2. 客流量

客流量即客流规模，门店的经营需要足够的顾客来源支撑。因此，连锁企业需要对相关要素进行分析，如附近人群的工作时间、交通方式，以及街道特点、门店可见度、公共设施等，从而估算某一地点的客流量。

3. 客流速度和滞留时间

在客流量相近的情况下，连锁企业可以通过客流速度和滞留时间对地点进行分析。客流速度是指行人通过门店的速度，可以通过行人在门店周围区域移动的瞬时速度或平均速度来衡量；滞留时间是指顾客在门店内或门店周围停留的时间。例如，在客流量较大的交通干道上，行人大多只是匆匆经过，并没有购物意愿，这样一来，此处就不能作为门店的最佳开设地点。

（二）交通条件分析

连锁企业可以从经营者和顾客两方面分析交通条件。从经营者角度来看，门店所在的地点应便于商品的运输和装卸。从顾客角度来看，门店所在的地点应便于到达。但是，不论从哪个角度出发，连锁企业都应该结合交通条件对地点进行分析，如交通便利性、交通流量、停车便利性、交通安全等，以选择一个有利于提高企业经营效率的最佳地点。

（三）竞争门店分析

若门店与竞争门店距离过近，那么门店的销售额可能会被竞争门店瓜分。一般情况下，竞争门店分为直接竞争门店和间接竞争门店。直接竞争门店是指店铺类型与自身完全相同的门店；间接竞争门店是指店铺类型不同，但有部分商品重合的门店。例如，某女装品牌在人民路新开了一家门店，那么其隔壁的女装店就是直接竞争门店，而附近的百货商场就是间接竞争门店。

不论哪一种竞争门店，连锁企业都应对其进行详细调查和列表分析，其内容如表5-3所示。

表5-3　竞争门店调查和列表分析

竞争门店名称	营业面积	商品构成	商品价格	经营效益	优势与弱势

★ 经营贴士

　　竞争门店聚集并不意味着绝对的消极。当某一地点成为同类门店聚集的区域时，会产生聚集效应，吸引更多人来到这里。此时，连锁企业可以通过差异化经营、服务质量提升、品牌形象塑造、顾客关系维护等方式来提高自己的竞争力，以赢得更多的市场份额。

（四）匹配性分析

在进行地点分析时，除了需要分析外部环境，连锁企业还需要结合自身情况分析某一地点与自身的匹配性，以确定该地点是否适合开店，如消防、物业是否符合开店要求，门店的租赁或购买成本是否合理，门店的面积和结构是否符合开店要求，水电气的供应情况，等等。

连锁餐饮选择高铁站
开店的原因

任务考核

一、不定项选择题

1. 商圈的构成不包括（　　）。

    A．核心商圈   B．边缘商圈

    C．次级商圈   D．中间商圈

2. 商圈的类型有（　　）。

    A．住宅区   B．商业区

    C．文教区   D．办公区

3. 下列选项中，（　　）的商圈范围最小。

    A．便利店   B．购物中心

    C．超市   D．百货商场

4. 影响商圈大小的因素主要包括（　　）。

    A．竞争门店的位置   B．门店的经营规模

    C．消费群体的流动性   D．门店的经营特色

5. 连锁企业可以采取（　　）确定商圈。

    A．类推法   B．地理信息系统法

    C．顾客调查法   D．比较法

二、案例分析题

请阅读以下案例，并回答问题。

李明想开一家洗衣店，在实地调查后，他选定了大学城附近的一家商铺。该商铺所在的大学城有好几所高校，在校学生大约5万人，学生活动频繁，客流量较大，且周围其他商铺集中、业态丰富，能够依靠其他门店带动生意。此外，该商铺附近的洗衣店只有2家，竞争状况不是很激烈。

李明在地点分析中，考虑了哪些因素？忽视了哪些因素呢？

任务 二 设计门店布局

任务导入

谭木匠门店设计中的文化意趣

谭木匠控股有限公司（以下简称"谭木匠"）于1997年成立，已在全球开设上千家连锁店，主要经营木梳、木镜、饰品等。多年来，谭木匠以中国传统手工艺为依托，致力于打造传统文化韵味和现代时尚风格兼具的高品质木制品。在商品之外，谭木匠还将这种文化和艺术应用在门店的设计当中。

在店名设计上，"木匠"是对中国传统木工手艺人的称呼，在"木匠"前冠以"谭"字，符合中国传统商号的取名习惯，能够令人联想到中国古法技艺与匠人精神，给人一种沧桑、厚实的历史感。

在店标设计（见图5-2）上，图案和文字都极具中国传统文化特色。图案部分是一个在作坊劳作的匠人形象，与"谭木匠"的内涵相符合；文字部分采用了手写字体，既传统又独特，具有鲜明的识别度。

在门面设计（见图5-3）上，谭木匠多用开放或半开放的门面，并在招牌设计中融入"牌匾"这一元素。中式古典韵味的招牌设计不仅与其商品风格相一致，也能使顾客在商场中一眼注意到它。

图5-2 谭木匠的店标（旧版）　　图5-3 谭木匠的门面设计
（图片来源：谭木匠全球官网）

在店内装潢上，谭木匠多使用木质材料，颜色低调的木质桌椅和展柜看起来既温厚又扎实。同时，谭木匠格外注重灯光和气味的设计，店中多使用温和的暖色系灯光，与木制品所散发的天然木香味相辅相成。顾客一进入店中，就会被包裹在古朴雅致的购物氛围当中。

谭木匠的门店设计带给你什么感受？你认为门店设计主要有哪些内容？

一、门店的外观设计

门店的外观设计是连锁企业门店开发的一个重要部分。良好的门店外观不仅是连锁企业立于街头或商场的广告，也是顾客识别其品牌的重要途径。

（一）店名设计

店名是指店铺的名称，通常是文字或字母的组合，用于标识和区分不同的商业实体。连锁企业在设计店名时，应注意以下几个要点。

1. 易读易记

易读易记是店名设计最基本的要求。易读易记的店名能使顾客读起来朗朗上口，从而被广泛传播。因此，在设计店名时，连锁企业需要避免使用生僻、拗口的字词，多使用简洁的词语和响亮的语调。

2. 与商品属性相符合

店名往往体现了连锁企业所经营商品的属性，如小吃连锁店"绝味鸭脖"，但与商品属性联系过密的店名可能会限制连锁企业其他商品的经营。因此，在设计店名时，连锁企业需要具有一定的前瞻性，使店名既能体现商品属性，也不过分拘泥于单个商品。

3. 与市场相适应

在设计店名时，连锁企业应考虑不同地区市场的特点，使店名与当地的文化观念、语言习惯和民间习俗等因素相适应。此外，若市场规模较大，连锁企业还应树立国际化观念，即考虑门店名称在不同国家和不同地区的读音，尽量保持门店名称与译名相一致或相和谐。

4. 启发顾客的愉快联想

店名的寓意应使顾客产生愉快的联想。例如，甜品连锁店"好利来"，其店名包含了美好事物到来的吉祥寓意，能够使顾客感到愉快，从而产生好感。相反，店名寓意不佳则会引起顾客的反感，如可口可乐在中国的第一个译名为"蝌蝌啃蜡"，这一名称在当时使人感到疑惑和不适，一度影响销量。

🧠 经营案例

> #### 外国品牌的中文名
>
> 随着中国经济的崛起，中国消费者成为各大外国品牌商家重视和争取的对象。为迎合中国市场，各大外国品牌在中国名字的设计上费尽心思，不仅要其好听，更要其符合中国人的文化和语言习惯。
>
> 汽车品牌 BMW，中文译名"宝马"，既包含了其汉语拼音的声母 B 和 M，也符合中国文化中策马驰骋的意境。

> 美国化妆品品牌 Revlon，中文译名"露华浓"，能够使人们联想到李白的诗"云想衣裳花想容，春风拂槛露华浓"中倾国倾城的杨贵妃，氛围感十足。
>
> 瑞典连锁家居品牌 IKEA，中文译名"宜家"，既是音译，又表明他们的产品适宜家用，同时还融入了中国国学典故——《诗经》中的"之子于归，宜其室家"，体现了对温馨家庭生活的向往，简单上口，信、达、雅兼备。

5. 符合法律要求

在设计店名时，连锁企业应遵守相关法律法规和社会公序良俗，避免侵犯他人权益。同时，连锁企业还应及时注册自己拟定的商标或名称，使之受到法律的保护，避免被他人侵占。

（二）门面设计

门面又称"门脸"，通常是指门店房屋的沿街部分或外立面。它是门店的外表，对吸引顾客具有重要作用。

1. 门面的类型

（1）开放型门面。开放型门面适用于经营水果、蔬菜、日用杂货等商品的连锁企业。通常情况下，连锁企业会将面向道路的一面全部开放，使顾客在店外就能直接看到店内的商品及其价格信息，且方便顾客出入。

（2）半封闭型门面。半封闭型门面开口大小适中，适用于经营服饰、箱包等中高端商品的连锁企业。通常情况下，连锁企业会设置透明玻璃橱窗以吸引顾客，方便顾客看到店内情况。

（3）封闭型门面。封闭型门面开口较小，适用于经营高端商品或奢侈品的连锁企业。通常情况下，连锁企业会将面向道路的一面用有色玻璃或装饰物进行遮挡，以保证店内购物环境的安静和私密性。

2. 门面设计的要点

（1）符合自身的经营风格。一个好的门面设计，应使顾客在店外就能感受到连锁企业的经营风格和经营特色。

（2）与周围环境相协调。一般来说，门店的门面设计应区别于周围其他设施或建筑，这样才能吸引往来的顾客。但是，连锁企业不能一味追求门面醒目而破坏周围环境的整体和谐。门面设计与环境迥异，可能会使顾客感到疑惑或别扭，从而影响门店形象。

（3）注重便利性与安全性。门店周围往来客流较大，为方便顾客通行，连锁企业在设计门面时应注意便利性。例如，若门店地基较高，则连锁企业应设立台阶或斜坡。此外，门面的安全通道、外设的广告牌等，也必须符合交通安全要求、建筑法规和城管条例，保障顾客的人身安全，避免安全事故的发生。

（三）店标设计

店标是门店重要的识别依据之一。如果说店名是一种抽象的文字表达，那么店标则是一种具体可见的视觉图案。

1. 店标的类型

（1）文字式店标。文字式店标（见图5-4）主要通过对店名等文字的排版和装饰来表达品牌信息。这种店标设计形式能够统一店名和门店标志，加深顾客的记忆。

（2）图形式店标。图形式店标（见图5-5）通常采用简洁的图形来表达品牌的特点和核心价值，其优势是直观、简洁、易于理解。

（3）组合式店标。组合式店标（见图5-6）是将图形和文字进行组合，用整体设计表达品牌信息。这种店标设计形式常用于品牌较为复杂或需要强调多个特点的连锁企业。

图 5-4　文字式店标	图 5-5　图形式店标	图 5-6　组合式店标
（图片来源：沃尔玛官网）	（图片来源：喜茶官网）	（图片来源：星巴克官网）

2. 店标设计的要点

（1）简洁鲜明。店标是顾客辨认连锁企业的重要标志，也是企业扩大知名度的重要手段。复杂的店标既不利于顾客辨认和记忆，也不利于展现标志含义。因此，连锁企业在设计店标时，应多使用简洁的线条和图形，打造鲜明流畅的标志形象。

（2）独特新颖。店标与连锁企业的风格和特色之间具有密切关系。店标设计要突出企业个性，着重体现企业的经营理念。

（3）准确相符。店标设计要与连锁企业的经营内容和店名相符合，不能一味追求某种形象而脱离门店的实际。

（4）美观精致。在店标设计中，连锁企业要注重线条、图形、字体、色彩的和谐搭配，使店标造型符合美学原理和人们的审美意趣，从而具备良好的视觉效果。

（5）稳定与适时相结合。一般来说，一个固定不变的店标可以帮助连锁企业建立稳定、延续的品牌形象，提高顾客忠诚度。但是，随着时代发展，大众需求和审美会发生变化，连锁企业的经营内容也可能发生转变。在这种情况下，连锁企业的店标也应与时俱进，适应新的时代变化，以保持吸引力和竞争力。

> ⚡ **经营案例**

> ### 我国四大银行的标识设计
>
> 　　银行是金融体系的重要组成部分，在实体经济发展中发挥了不可替代的作用。其标识不仅要具有现代金融行业的信息和特征，还要体现一定的文化内涵。我国四大银行的标识（见图 5-7），都是通过准确精练的造型，形象地传达出特定的含义。
>
>
>
> **图 5-7　我国四大银行的标识**
>
> 　　从造型上看，我国四大银行的标识都以外圆内方的古铜钱币为主要设计元素，但其形象各具特色。在中国银行的标识（左 1）中，方孔上下各有一条垂直线，形成"中"字，意为中国。在中国农业银行的标识（左 2）中，内部由麦穗贯穿上下，中部形成一个"田"字，象征着农业，构成了其名称要素。在中国工商银行的标识（左 3）中，呈镜像对称的两个几何图形组成了"工"字。在中国建设银行的标识（左 4）中，双"C"（即"China"与"Construction"的首字母缩写）重叠，整个标识形态犹如向前滚动的车轮，寓意着中国建设不断向前发展。
>
> 　　（资料来源：黄俏，《中行、工行、农行、建行！一文了解我国四大银行所用标识的那些事儿》，
>
> 《中国知识产权报》，2018 年 5 月 29 日）

（四）招牌设计

　　招牌是指挂在商店门前作为标志的牌子，主要用来指示门店的名称和位置。

1．招牌的类型

　　根据设置地点的不同，招牌可分为附着式招牌和独立式招牌两大类（见表 5-4）。

表 5-4　招牌的类型

类型		含义	示例
附着式招牌	附壁式招牌	附着于外墙，与墙体平行，一般直接安装在墙体或门廊上	

类型		含义	示例
附着式招牌	凸出式招牌	附着于外墙，通常凸出于墙面或门廊，与建筑物有一定的距离	
	牌匾式招牌	以中国传统的牌匾方式制作，通常悬挂于建筑物的檐廊、挑檐等处	
	垂直式招牌	依靠附加材料支撑，附着在建筑物外墙上，与建筑物立面垂直	
独立式招牌		直接设置在地面上，独立于建筑物	

注：表中图片来自《阜阳市户外广告和招牌设施设置技术规范（试行）》。

2. 招牌的设计要点

（1）位置和安全性。一般来说，招牌只能设置在门店的出入口附近，不得设置在楼梯、扶手等公共通道或设施上。同时，招牌设置的位置须符合城市管理部门的要求，不能影响正常的交通和建筑采光。若招牌以灯箱的形式出现，连锁企业还应保证其内部的电路安全。

（2）材料选择。不同的材料往往会使招牌呈现不同的效果。例如，水泥招牌具有简朴粗犷、自然原始的风格；大理石招牌具有豪华气派的质感；金属招牌使人感到前卫大方；玻璃招牌的空间感强，装饰效果好。因此，连锁企业应根据不同的经营性质和风格选择不同的招牌材料。

（3）内容。招牌应包含店名、店标等内容，且必须与门店的实际情况相一致。此外，招牌内容还应当符合法律法规和公序良俗。

（4）艺术效果。首先，招牌画面应当简洁、清晰、容易辨认；其次，招牌应突出存在感，如通过布设光源、凹凸字体等方式，吸引顾客的注意；最后，招牌形状应具有创意，如连锁海鲜店用螃蟹形状的招牌替代常规形状的招牌。在实际生活中，有关部门出于美化城市和街景的考虑，可能会要求同一街道门店招牌在厚度、色彩上保持一致。对此，连锁企业应服从有关部门的管理。

（五）橱窗设计

橱窗是门店向室外传递信息，进行商业展示的空间，其外形类似窗户（见图5-8）。一个设计精良、展示巧妙的橱窗能够吸引顾客的注意，给顾客留下良好的第一印象，进而引导顾客进店购物。

图 5-8　橱窗
（图片来源：爱马仕官网）

1. 橱窗的类型

（1）系统式橱窗。系统式橱窗会按照商品的类别、功能、材质将其分类陈列。这种橱窗能突出商品的特性，吸引顾客的注意。

（2）综合式橱窗。综合式橱窗会将不同类、不相关的商品按照横向、纵向或单元等形式综合陈列在一个空间内。这种橱窗便于顾客看到更多的商品，但可能导致橱窗画面杂乱。

（3）专题式橱窗。专题式橱窗一般围绕某一主题或事件，将不同品牌或同一品牌不同类型的商品进行合并陈列，并设计相应的背景或图案。

（4）特写式橱窗。特写式橱窗通常只陈列一种商品，并对其放大展示，主要用于介绍、宣传新产品。

橱窗的表现手法

（1）直接表现，即尽量减少橱窗内的道具、背景，直接展示商品本身的形态、质地、色彩、样式等。

（2）联想表现，即通过某一环境、情节、物件、人物等引起顾客的联想，加强他们对商品特性和内涵的感受，并产生心灵上的共鸣。

（3）夸张表现，即融入风趣、夸张的元素，使商品展现出崭新、奇特的艺术效果。例如，很多服饰专卖店会将鞋、包等商品放大至正常尺寸的数倍陈列在橱窗中，吸引顾客的注意。

（4）对比表现，即通过对比制造差别，使橱窗中的各个要素借此显彼、互相衬托。例如，许多清凉饮料会出现在烈日酷暑的场景当中，形成强烈的对比，以强化顾客的冲突感受。

（5）抽象表现，即线条、形状、色彩等元素以写意的方式，呈现神奇的视觉效果。这种表现手法能够让顾客在感受美的同时融入自己的理解，建立一种自主的情感联系，满足人们多变的审美情趣。

2. 橱窗的设计要点

（1）位置。橱窗的主要功能是吸引顾客入店和消费，其位置与道路上的行人流向具有重要关系。一般情况下，橱窗应设置在店门左侧、顾客前进方向的右侧，并向顾客迎面方向适当倾斜，以方便顾客行走时先看到橱窗，再考虑是否进店消费。此外，橱窗的高度应与成人的视线持平，其底端距离地面 80～100 厘米左右。若陈列体积较小的商品，橱窗底端可适当提高；若陈列洗衣机、冰箱等体积较大的商品，橱窗底端距离地面5 厘米左右即可。

（2）背景。背景是用于衬托商品的布景。为突出商品，橱窗中的背景应简洁、淡雅，与商品相协调，避免因过于复杂而喧宾夺主。

（3）道具。广义的道具既包括放置商品的支架、展台，也包括商品本身。在实际经营中，连锁企业可以根据不同的需求选择不同款式和材质的道具，如玻璃、塑料、石膏等。在摆放道具时，连锁企业需要注意构图和谐及整体美感，并通过新颖的排列组合方式来营造出良好的视觉效果和氛围。

（4）灯光。多数情况下，橱窗的灯光设计并不是为了照明，而是用以打造氛围，突出商品特色。因此，连锁企业应设置隐蔽的光源，并根据不同的商品选择不同色调的灯光。例如，橙黄色灯光能够激发顾客的食欲，常用于食品橱窗；蓝色和白色灯光能够使人感到简洁、稳重，常用于家电橱窗；绿色灯光能够使商品充满科技感，常用于电子产品橱窗；等等。

经营互动

假如让你设计一个食品主题橱窗，你会将它设计成哪种类型，使用哪些道具，采取哪些表现手法呢？

二、门店的内部设计

顾客对门店的感觉和印象不仅来源于其外观设计，也来源于其内部设计。门店内部是连锁企业的主要营业场所，其设计的合理性和美观性对顾客购物、员工操作和企业管理都有重要的影响。

（一）布局设计

按照空间形态的不同，门店布局可分为以下 3 种类型。

1．方格式布局

方格式布局是一种比较传统的布局方式。在方格式布局下，货架大多并行排列，与通道呈分段长方形（见图 5-9）。方格式布局有利于商品的规范化排列和管理，且便于顾客选购商品。但这种布局比较单调，当顾客较多时，易导致通道不畅通。

2．岛屿式布局

岛屿式布局是将柜台或货架围置成不相连的闭合式岛屿（见图 5-10）。岛屿式布局形状多变，设置灵活，不仅有利于美化门店，还有利于顾客观赏。但这种布局比较耗费空间，只适用于放置少量商品，常作为方格式布局的补充。

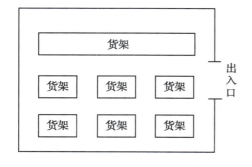

图 5-9　方格式布局

图 5-10　岛屿式布局

3．自由流动式布局

自由流动式布局（见图 5-11）主要以方便顾客为出发点，在门店内部不规则地设计货架和通道。自由流动式布局比较灵活多变，方便顾客随意穿行于各个货架或柜台间，常用于综合性商店或大型综合超市等。但这种布局不能充分利用卖场面积，且不利于引导客流。

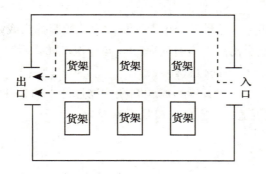

图 5-11　自由流动式布局

（二）通道设计

通道是顾客在门店内购物所行走的路线。门店内部的通道包括主通道和辅通道，主通道是引导顾客前进的主线，辅通道是引导顾客移动的支线。

1．通道的类型

（1）直线通道。直线通道（见图 5-12）又称"单向通道"，即一头接入口，一头接出口。其特点是路线不重复，能够使顾客在不掉头的情况下用最短的时间完成购物。

图 5-12　直线通道

（2）回形通道。回形通道又称"环形通道"，即以"回"字形环绕门店的整个卖场。其特点是方便顾客依次浏览和购买商品。在实际经营中，回形通道又可分为大回形通道（见图 5-13）和小回形通道（见图 5-14）两种形式。

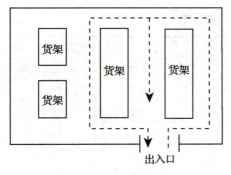

图 5-13　大回形通道

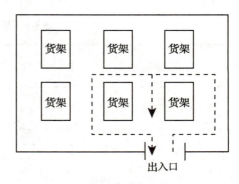

图 5-14　小回形通道

经营贴士

大回形通道适用于营业面积在 1 600 平方米以上的门店，货架中间一般没有穿行的路口。顾客进入门店后，可以沿一侧前行，然后四周浏览。小回形通道适用于营业面积在 1 600 平方米以下的门店。顾客进入门店后，沿一侧前行，不必走到头，就可以进入中间货架。

门店通道设计案例

2. 通道的设计要点

（1）确保客流畅通。通道应避免出现过多的拐角和障碍物，方便顾客自由地行走和浏览。

（2）宽度适宜。通道宽度的设计应以成人的行走习惯和身体尺寸为标准。一般情况下，主通道的宽度在 1.2～1.5 米之间，辅通道的宽度则可适当缩小。宽度设计的目标是既能保证顾客正常购物，也不浪费店内面积。

（3）避免死角。通道应尽量减少出现死角，避免顾客掉头或绕路。

（4）明确导向。通道附近应设有明确的导向标识，如指示牌、地面箭头等，以方便顾客快速找到所需商品或服务的位置。

（5）考虑安全性。通道设计应考虑顾客在购物过程中的各种安全因素，如地面材料是否防滑、照明亮度是否适宜、紧急出口是否易找等。

经营卡片

国家规定的商店通道宽度

根据《商店建筑设计规范》，不同类型商店的通道宽度是不同的。以超市为例，其通道宽度应不小于其对应条件的最小净宽度（见表 5-5）。

表 5-5　超市的最小通道宽度

通道位置	条件	最小净宽度	
		不采用购物车	采用购物车
平行货架之间的通道	所有货架长度小于 15 米	2.2 米	2.4 米
	所有货架长度为 15～24 米	2.4 米	3.0 米
与货架相垂直的通道	通道长度小于 15 米	2.8 米	3.0 米
	通道长度不小于 15 米	3.0 米	3.6 米
货架与出入闸之间的通道	—	3.8 米	4.2 米

（三）出入口设计

出入口设计可以从位置、数量、类型和环境几个方面考虑，兼顾门店规模、客流量大小及安全管理等。

1. 出入口的位置

出入口的位置要结合店内路线进行设计。一般来说，出口和入口离得太近，容易导致顾客"前脚进后脚出"，不利于门店的经营（见图5-15）。因此，出口和入口的距离应适中，既要避免店内过于拥挤，又要让顾客充分接触内部空间，完成购物。

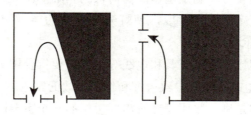

图 5-15 不合理的出入口位置

2. 出入口的数量

规模较小的门店可以只设计一个出入口，但大型超市或商场一般需要根据自身情况设计多个出入口。不同位置的出入口可以满足采用不同交通方式前来购物的顾客，但也会增加企业的管理成本。所以，出入口的数量设计需要结合连锁企业的门店规模和经营管理成本。

3. 出入口的类型

按照开放程度的不同，出入口可分为开放式、半开放式、全开放式；按照开门方式的不同，出入口可分为旋转式、推拉式等。不论哪一种类型的出入口，都是为了方便顾客出入。连锁企业在选择出入口类型时，应根据门店经营档次、门店位置和周围道路的特点进行决策。

4. 出入口的环境

为方便顾客自由进出，出入口应避免设置明显的障碍物，保证出入口附近空间开阔、面积充足。此外，出入口附近要保持光线明亮、干净整洁，给顾客留下良好的印象。总的来说，宽敞、整洁的出入口空间能够使顾客感到心情舒畅，而狭窄、杂乱的出入口空间会使顾客感到不适。

（四）照明设计

1. 照明的类型

（1）基础照明。基础照明又称"环境光照明"，主要为环境提供基本的照明光线，保证顾客在店内顺利地行走，清楚地观赏和选择商品。基础照明灯具一般安装在门店的天花板或顶部框架结构上。

（2）重点照明。重点照明是将光线以一定角度集中投射到某些区域或商品上，达到突出商品、吸引顾客注意的目的。例如，服装店对服装重点照明不仅能表现出服装的外观、面料，还能突出其造型和质感。

（3）装饰照明。装饰照明又称"氛围照明"，主要是通过灯光色彩和动感变化，在门店的局部环境中营造出特殊的购物氛围。装饰照明往往不照向陈列的商品，而是照向商品的背景或卖场的地面，以提高门店的精致感和氛围感，从而促进销售。

2. 照明的设计要点

（1）整体性。照明设计在满足基本照明需求的基础上，应从室内整体环境出发，全面考虑光源、光质、投光方向和角度，使灯光与设施功能、空间造型、陈设色彩相协调，以取得最佳的整体环境效果。

（2）安全性。照明设计中的灯具和电线等材料需要符合国家安全标准，并按照规范安装和使用，以防止漏电、短路等导致火灾和伤亡事故的发生。

（3）经济性。成本是进行照明设计时需要考虑的一个重要因素。选用高效、节能的灯具和控制系统，能够减少电能的消耗，节约门店的运营成本。同时，合理利用自然光，也能进一步降低能源消耗。

（4）引导性。使用不同对比度的光线能够引导顾客将目光聚焦到某一商品上。例如，门店想要重点销售某一商品时，可以将该商品所在区域的灯光亮度调高，使顾客的目光聚焦到该商品上，从而起到促进销售的作用。

（5）协调性。灯光需要与商品和门店环境相协调。例如，服装连锁店的灯光应尽可能与自然光相似，避免给顾客造成视觉色差。若内部装修使用了玻璃、镜子等材料，则门店应多使用柔和的灯光，以减少玻璃或镜子的反光，保证灯光的舒适性。

（五）气味设计

在实际生活中，许多餐饮店会将店门敞开，甚至将厨房搬到店门口，让食物的香味飘散在空气中，以激发顾客的食欲。这说明，气味设计能够营造积极的购物环境，提高顾客的购买欲望，对商品销售具有重要影响。在气味设计中，门店应注意以下几个要点。

1. 与所售商品相协调

门店应根据自身定位、环境特点和销售目标，选择与所售商品相协调的气味。例如，化妆品区出现人工香精味道是合理的，但食品区出现人工香精的味道会使顾客感到不适。

2. 严格控制异味

异味会严重影响顾客的心情，甚至会将顾客赶走。因此，门店应安装通风系统或及时开窗通风，去除空气中的异味、烟雾、细菌、病毒等有害物质，从而提高室内空气质量。

3. 避免气味混合

当气味相互混合时，美好的气味也可能变成令人不愉快的味道。为避免这种情况的发生，门店在布局时应当将容易串味的商品相分离，或将气味浓烈的商品放置在通风较好的区域。例如，许多水果店会将榴梿放置在店门口或店外，将其他水果放置在店内。

4. 控制气味浓度

气味浓度过高或过低都可能影响顾客的感受。例如，甜品店的奶香味能够使顾客感到甜蜜，但奶香味过浓可能使顾客感到反胃。因此，门店可以安装空气过滤系统，控制气味的浓度，使其保持在适宜的范围内，保持空气的清新。

（六）声音设计

不同的声音往往会营造出不同的氛围，影响顾客的消费行为，从而影响门店的销售业绩。在设计声音时，门店可以从以下几个方面考虑。

1. 类型

声音的选择必须与门店的经营风格和顾客类型相适应。例如，销售高端商品的商场往往播放轻音乐，而小吃店常常播放热闹的叫卖声。

2. 音量

声音的音量不宜过大，且不能影响顾客的正常交流，否则将会成为噪声。在实际经营中，门店可以根据客流量大小和时间的不同调整音量，在吸引顾客的同时，确保顾客获得最佳的购物体验。

3. 时长

声音播放时间过长，可能会使顾客注意力分散，甚至感到厌烦和疲倦。因此，门店可以间歇性播放音乐，使顾客享受片刻的宁静和放松。

（七）服务设施设计

1. 收银台

收银台是顾客付款的地方，也是顾客最后停留的地方，其设计的好坏，决定了顾客对门店的最终印象。收银台的设计可以从以下几个方面考虑。

（1）数量。收银台的数量应以客流量为标准，一般为最高客流量的1/4。此外，收银台的数量还需要考虑门店面积和顾客的付款等待时间。一般来说，顾客付款的等待时间不超过8分钟。

（2）功能。为提升顾客购物的便利性，门店的收银设备应具备齐全的功能，包括小计、现金找零、折扣、挂账、加成、立即改正、退货、作废等，且可以连接多种外部设备，如扫描器、读卡机、打印机等。

（3）卫生和陈设。为保持清洁和卫生，收银台上不适合陈列过多的商品，但可以陈列一些便利的随手物品，如纸巾、口香糖等，方便顾客凑整或选购。此外，门店还可以在收银台附近陈设一些海报或电子屏，以缓解顾客等待付款时的不良情绪。

2．服务台和寄存处

服务台和寄存处有时会分离，有时会合为一体，它们的主要功能是为顾客提供寄存、咨询、投诉等服务。一般情况下，服务台和寄存处应位于靠近门店出入口的醒目位置，方便为顾客提供各种服务。

3．卫生间

卫生间是门店的一部分，也是顾客在购物或就餐过程中所需要的重要设施之一。卫生间的设计可以从以下几个方面考虑。

（1）设施齐全。门店应在卫生间配备必要的设施，如洗手台、马桶、小便器等。

（2）保持卫生。门店应建立并落实相关的保洁作业制度，确保卫生间干净整洁，没有异味和污垢。

（3）标识清晰。门店应在合适的位置设置清晰的标识，如男卫生间和女卫生间的标识等。

（4）安全保障。门店应在卫生间内设置紧急呼叫按钮或报警器，以便顾客在紧急情况下能够及时得到帮助。

（5）定期检查。门店应定期检查卫生设施，及时更换损坏的设施，保证所有卫生设施正常运作，以确保顾客的使用体验。

4．休息区

休息区是供顾客休息的地方，是大中型门店的必要设施之一。一般来说，休息区应不低于经营面积的 1%。休息区的设计可以从以下几个方面考虑。

（1）位置选择。门店应将休息区设置在便于顾客寻找和到达的地方，如门店的一角或中央区域。此外，门店要考虑休息区的安静和私密性，避免干扰其他顾客的购物或就餐。

（2）设施配备。门店应在休息区配备舒适的座椅、桌子等设施，供顾客休息和放松。同时，门店可以在休息区陈设一些书籍、杂志、报纸等阅读材料，供顾客休闲和娱乐。

（3）装饰设计。休息区的装饰设计应该与门店的整体风格相协调，使之成为温馨、舒适的区域。此外，门店还可以使用一些绿色植物、艺术品、音乐等元素来增加休息区的趣味性和吸引力。

（4）卫生管理。休息区要定期清洁和消毒，确保顾客的健康和安全。

 经营贴士

> 除上述服务设施外，门店还应根据自身情况和国家要求设置消防、医疗、安防、疏散等安全设施，空调、电梯等基础设施，以及相关的景观设施等。

任务考核

一、不定项选择题

1. 门店的外观设计包括（　　）。
   A. 店名设计　　　　B. 店标设计　　　　C. 照明设计　　　　D. 服务设施设计

2. 下列不属于店标类型的是（　　）。
   A. 文字式店标　　　B. 图形式店标　　　C. 立体式店标　　　D. 组合式店标

3. 下列不属于门店服务设施的是（　　）。
   A. 收银台　　　　　B. 休息区　　　　　C. 服务台　　　　　D. 承重墙

4. 下列关于招牌设计的说法中，正确的有（　　）。
   A. 招牌形状应具有创意
   B. 招牌应突出存在感，吸引顾客的注意
   C. 招牌设计应具有独特性，为此可以不服从有关部门的管理
   D. 招牌画面应当简洁、清晰、容易辨认

5. 下列关于通道设计的说法中，正确的有（　　）。
   A. 通道应避免出现过多的障碍物
   B. 通道附近应设有明确的导向标识
   C. 通道应减少出现死角，避免顾客掉头或绕路
   D. 通道宽度的设计应以成人的行走习惯和身体尺寸为标准

二、案例分析题

请阅读以下案例，并回答问题。

2016年，海底捞对店标进行了调整（见图5-16），引起了大家的关注。

图 5-16　海底捞店标

（图片来源：海底捞官网）

你能从海底捞的新店标中看出哪些创意或巧思？

任务 三 进行商品陈列

任务导入

宜家的商品陈列

宜家作为知名的家居连锁店，其门店规模较大，商品种类也比较繁杂。正因如此，宜家对商品陈列进行了精心设计，使门店既有整齐划一的秩序空间，也有错落有致的闲适角落，共同构造出明朗干净、温暖恬静的北欧风格。

为合理陈列商品，宜家充分调查和研究了顾客动线。从顾客进入门店开始，他们的活动轨迹就被监控记录了下来。随后，宜家将成千上万条顾客动线汇总起来，发现了门店内哪里是热卖区，哪里是冷场区，然后以顾客喜好和活动为依据陈列商品，这种陈列方式自然而然能够使顾客感到这里的一切都恰到好处。

同时，宜家会将同类不同质的商品在同一区域中组合陈列，即将高、中、低价位的商品陈列在一起，方便顾客根据个人的消费能力和需求做出抉择。当整面墙被一类商品铺满时，它不仅能够展现商品，更是一幅浑然天成的艺术装饰画。

此外，宜家的另一法宝是对商品进行情景专题陈列，即将不同商品组合成一个完整的空间，打造出生活化场景。这里有三口之家、二人世界，也有闲适的单身公寓。不同面积和风格的空间，能够使顾客产生不同联想，身临其境地感受家居的魅力，进而消费。

随着顾客的年轻化，宜家推陈出新，打造了许多具有趣味性的陈列。例如，深夜披着毯子加班的小熊猫玩偶、对镜打扮的小猴子玩偶等。这种创意性陈列使玩偶、家居摆件等商品组合更加生动，也使宜家在网络上的热度不断上升，销售量也水涨船高。

对宜家来说，商品陈列不仅仅是将商品展现在顾客眼前，更是营造良好购物氛围的手段。当顾客愿意一次次走进门店进行消费时，宜家陈列商品的真正优势就体现出来了。

（资料来源：陈海权，《新零售学》，人民邮电出版社，2019年）

好的商品陈列应该具备哪些特点？

一、商品陈列的含义及作用

商品陈列是连锁企业以商品为主体，根据自身的经营理念，利用一定的艺术手法和技巧，有规律地摆放商品，以方便顾客购买的行为。

商品陈列既有利于展示商品，刺激顾客购买，还能够节约空间，美化门店环境，因此，有效的商品陈列对连锁企业来说具有重要意义。

二、商品陈列的原则

为了使商品陈列更加合理、美观，提高顾客的购买欲望和门店的销售业绩，连锁企业在进行商品陈列时应遵循以下原则。

（一）易见易得原则

商品陈列的最终目的是将商品更好地销售给顾客，只有顾客可见可得，才能实现销售。易见易得原则就是要求连锁企业在进行商品陈列时，保证商品容易被顾客看到和得到。在这一原则下，连锁企业一要将商品的正面朝向顾客，确保顾客能够清晰地看到商品的特点和细节；二要考虑购买的便利性，确保商品容易寻找和挑选。

经营贴士

为方便顾客寻找和拿取商品，门店应在店内设置一定的指示标志，且货架高度和商品陈列高度应符合顾客的普遍身高和视野范围。

（二）先进先出原则

先进先出原则要求连锁企业在进行商品陈列时，按出厂日期将先出厂的商品靠外层陈列，最近出厂的商品靠内侧陈列，以避免商品滞留过期。在这一原则下，门店工作人员应定期翻动商品，不断更新商品的摆放位置。

（三）陈列丰满原则

陈列丰满原则要求连锁企业在进行商品陈列时，要使商品数量充足、排列整齐，给顾客一种充实、丰富的视觉感受。陈列丰满原则表现在以下两个方面。

（1）从顾客的心理倾向出发，顾客更愿意从琳琅满目的商品中选购商品。若货架陈列中的空缺过多，顾客会认为商品是被"剩下的"，从而心存疑虑，打消购买积极性。

（2）从企业的自身利益出发，若货架中的陈列空缺过多，其销售与储存功能就会下降，不利于保持门店的坪效，进而影响企业的商品周转和库存管理。

（四）愉快购物原则

愉快购物原则要求连锁企业在进行商品陈列时，注重商品及其所在货架的干净、整洁、美观，以提升顾客的购物体验。在这一原则下，连锁企业除及时整理商品和上新外，还可以借助陈列道具、装饰材料等，对商品进行自然、生动的陈列设计，为顾客创造更加愉快、舒适和满意的购物环境。

（五）便于管理原则

便于管理原则要求连锁企业在进行商品陈列时，考虑自身管理的便利性。在这一原则下，连锁企业应按类别、品牌、功能等对商品分类陈列，并在商品陈列区域设置清晰的标识，包括商品名称、价格、库存量等信息，以便进行库存管理和销售管理。

（六）垂直陈列原则

垂直陈列原则要求连锁企业在进行商品陈列时，将同类商品或相同形状的商品按照从上到下的方式陈列，以便更好地向顾客展示商品。垂直陈列的优势表现在以下两个方面。

（1）相较于横向陈列，垂直陈列更符合人们视线上下移动的习惯，更能吸引顾客的注意，提高商品的可见度和企业的销售业绩。

（2）垂直陈列可以使每一类商品同享上、中、下货架的待遇，从而平等承担销售任务。也就是说，无论是高端商品还是低端商品，无论是热门商品还是冷门商品，它们都可以得到公平的展示机会，从而增加顾客的选择范围和购买机会。

三、商品陈列的方法

（一）端头陈列法

端头陈列法是将商品陈列在货架两端的方法，一般适用于特价商品、新品和热销商品等。端头距离通道最近，是顾客最先看到的区域，也是销售力极强的位置。端头陈列的商品既可以是单品，也可以是组合商品。

（二）悬挂陈列法

悬挂陈列法是将商品悬挂在固定或可转动的挂钩或陈列架上的方法。这种方法主要适用于纺织商品，小五金、小零食、饰品等小商品，扁平形、细长形等没有立体感的商品，等等。悬挂陈列法能够使存在感较低的小商品具有立体感，更容易被顾客看到。同时，悬挂陈列法可以更好地利用空间，提高陈列效率。

（三）突出陈列法

突出陈列法是将商品放置在购物篮、购物车或货架延伸板上的方法，一般适用于主推商品。这种方法能够打破商品陈列的单调性，使商品更加突出，从而吸引顾客的注意。需要注意的是，采用突出陈列法时，门店需要合理设计突出延伸架的高度，避免延伸架遮挡其他商品或给顾客拿取商品带来不便。

（四）岛式陈列法

岛式陈列法是用展台、展柜或桶代替陈列架作为商品陈列工具的方法，一般适用于促销商品。这种方法能够让顾客从各个角度看到商品的全貌，且方便顾客绕岛仔细观察和挑选商品。

在实际生活中，许多门店都会在岛式展示基座下安装滑轮，方便对其进行灵活的移动和调整。

（五）整齐陈列法

整齐陈列法是将单个商品整齐地堆积起来的方法，一般适用于市场需求量较大、应季性较强或正在促销的商品。这种方法通过整齐堆积，突出商品的量感，形成一种视觉刺激，从而抢占顾客的眼球。

（六）窄缝陈列法

窄缝陈列法是将陈列架上的几层隔板撤走，只留下底部隔板后形成一个窄长的空间，然后利用这个空间进行商品陈列的方法。这种方法能够打破常规，使商品陈列富有变化，并与其他商品陈列共同构成一个和谐的整体，以吸引顾客的注意。窄缝陈列法通常只陈列 1 个或 2 个单品，其陈列量是普通陈列的 4～5 倍。需要注意的是，采用窄缝陈列法时，门店需要避免商品因陈列过多而看起来杂乱无章。

（七）随机陈列法

随机陈列法是将商品随意堆积在商品筐内的方法，一般适用于单价低、毛利低及不容易损伤和变形的特卖商品。这种方法操作简单，花费的作业时间较少，且能够使顾客认为这些商品的价格划算，诱使他们产生购买行为。

（八）比较陈列法

比较陈列法是将不同包装或规格的同一种商品放置在一起的方法。例如，门店将不同规格的某款饮料放置在一起，其中，350 mL 装的售价是 3 元，550 mL 装的售价是 4 元，1 L 装的售价 6 元。这样一来，顾客在比较之后，可能会倾向于选择更大包装或规格的商品，从而提高门店销售额。

在使用比较陈列法时，连锁企业应合理摆放不同规格的商品，确保顾客可以方便地进行比较和选择。此外，若想使顾客购买更大规格或更多数量的商品，连锁企业应多陈列大规格商品，并突出这一规格商品的特点或优势，从而为顾客指明方向，帮助他们作出决定。

（九）不规则陈列法

如果说整齐陈列法是利用整齐划一的、有秩序的画面使顾客产生好感，那么不规则陈列法（见图 5-17）则恰恰相反。这种方法主要通过有意的切割和错位，使商品陈列的画面富有新鲜感。在实际经营中，许多门店都会使用可移动的货架板，通过调整货架板位置，形成错落有致的画面，使商品陈列富有动感和新意。

图 5-17　不规则陈列法

（十）情景陈列法

情景陈列法是将不同商品、装饰品、道具等组合在一起，创造出一种特定的场景或氛围，引发顾客联想的方法。例如，服装店经常将包、服饰、鞋、墨镜和帽子等布置在假人模特上，使顾客产生关联消费。

连锁超市的
商品陈列方法

经营互动

商品陈列与商品分类、商品组合、门店内部设计之间是否存在联系？请结合实际谈一谈你的想法。

四、商品陈列的操作流程

广义的商品陈列不只是简单地将商品上架，还包括商品陈列的调查、规划、信息收集与分析等一系列过程，如图 5-18 所示。

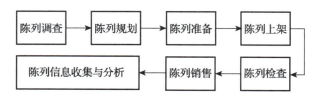

图 5-18　商品陈列的操作流程

（一）陈列调查

陈列调查主要为商品陈列决策提供依据。一般来说，陈列调查需要了解内部因素和外部因素两方面的内容。

（1）内部因素主要包括门店本身的面积、货架数量和规格、商品定位和结构等。根据内部因素，门店可以确定商品陈列的基本格局和主要陈列方式。

（2）外部因素主要包括顾客的需求、偏好、购物的顺序，各类商品的市场价格、销售情况，等等。外部因素可以为门店提供商品陈列的思路和创意。

（二）陈列规划

陈列规划是商品陈列的重要环节，它涉及整体布局、陈列方法、搭配技巧、空间利用、更新频率等多个方面。

（1）整体布局。在规划商品陈列时，门店首先要考虑自身的整体布局，包括货架的排列、通道的设置、灯光照明等。整体布局要合理、美观，方便顾客浏览和选购。

（2）陈列方法。门店应根据商品的特点和目标顾客的需求，选择合适的陈列方法。陈列方法要突出商品的特点和优势，同时要方便顾客观察和拿取。

（3）搭配技巧。在规划商品陈列时，门店要注意商品的搭配技巧，包括色彩搭配、款式搭配、材质搭配等。搭配既要和谐、美观，又要突出重点商品，吸引顾客的视线。

（4）空间利用。在规划商品陈列时，门店要充分利用空间，根据货架的高度和宽度，合理安排商品的陈列位置和数量，避免浪费。

（5）更新频率。定期更新是保持新鲜感和吸引力的关键。因此，门店可以根据销售数据和顾客的反馈，及时调整陈列策略，更新商品和道具。

（三）陈列准备

陈列准备是指商品上架前的各种准备，包括订货、验收、分类、标价、编码等。一般来说，门店将商品信息录入电脑后，才可以将商品上架销售。

（四）陈列上架

陈列上架就是将商品布设在门店中的具体位置和货架上。在这一环节中，门店要注意合理运用商品陈列方法，保证商品和货架的清洁卫生，注重商品陈列的美观性。同时，门店还应保证商品不要缺货和遗漏，做到有牌有货。为方便顾客寻找商品，门店还应设计相关的方向指引和引导标识，指明商品所在的陈列位置。

（五）陈列检查

陈列检查就是对此前所做工作的完成度加以确认，保证门店的商品以较好的状态出现在顾客眼前。陈列检查的内容主要包括商品易于选购的程度、商品的库存和缺货程度、商品摆放的美观程度等。

（六）陈列销售

这一环节的工作是对商品陈列的日常维护和调整，一般由理货员负责，主要包括以下几个方面的内容。

（1）及时补充和上架商品。当商品陈列不足或需要更换陈列位置时，理货员需要及时补充和上架商品，确保货架上的商品品种齐全、数量充足。

（2）做好卫生和清洁工作。理货员需要定期清洁货架、地面、货架标签等，保持店内环境的整洁和卫生，为顾客提供良好的购物环境。

（3）检查商品与标签。理货员需要检查货架上的商品与标签是否相对应，确保标签内容包含了商品名称、价格、生产日期等完整信息，并确保信息的准确无误，避免误导顾客。

（4）及时下架问题商品。如果发现有损坏、过期或存在质量问题的商品，理货员需要及时将其撤下，并做好记录。

（5）回收包装箱。对于已售出的商品，理货员应及时回收包装箱，保持店内环境的整洁。

（6）为顾客提供指引。当顾客需要帮助时，理货员应及时提供指引，帮助顾客找到所需的商品。

（7）为商品陈列提供修改建议。理货员可以通过收集顾客的反馈，了解顾客的需求和喜好，为商品陈列提供合理的建议，以提高商品的陈列效果和销售业绩。

（七）陈列信息的收集与分析

以上各个环节的工作会为门店提供大量的经营信息。根据这些信息反映出来的各种问题，门店可以相应地调整和优化商品陈列的方式、位置、数量等，提高顾客的购买欲望，进而提高销售业绩。

经营案例

屈臣氏的陈列巧思

屈臣氏是一家保健美容零售商，在我国开设门店超过 4 000 家。为突出风格和特色，屈臣氏门店的商品陈列都很相似，且蕴含了很多陈列巧思。

（1）屈臣氏通过调查分析发现，其门店的主要顾客是身高 1.55～1.75 米的女性。因此，屈臣氏将货架从 1.6 米调整为 1.4 米，更方便女性顾客拿取商品。

（2）屈臣氏除在传统货架上陈列商品外，还在店内设计了许多"商品岛"。这些"商品岛"不仅造型别致，还会根据不同的促销主题进行装饰，用来吸引顾客的注意并激发其购买欲望。

（3）屈臣氏收银台附近的背景墙上会陈列近期销售排名靠前的商品，收银台上则会陈列糖果、护手霜等轻便的小商品。这些设计不仅便于顾客主动参与各种换购、满减活动，还便于收银员在顾客结账期间向他们推销，扩大销售。

任务考核

一、不定项选择题

1．商品陈列应遵循（　　　）。
　　A．愉快购物原则
　　B．整齐阵列原则
　　C．便于管理原则
　　D．易见易得原则

2．常见的商品陈列方法有（　　　）。
　　A．端头陈列法
　　B．随机陈列法
　　C．突出陈列法
　　D．不规则陈列法

3．下列不属于陈列调查内部因素的是（　　　）。
　　A．门店本身的面积
　　B．货架数量和规格
　　C．商品定位和结构
　　D．顾客的购物顺序

二、简答题

1．简述陈列规划的主要内容。

2．简述陈列销售的主要内容。

项目实训

 任务描述

全班学生以小组为单位，选择所在城市内的一家连锁店，收集该门店选址、设计和商品陈列的相关资料，然后结合所学知识完成以下任务。

（1）进行实地调研，分析该门店的商圈和地点选择的合理性，以及该门店内外部设

计的优势和不足。

（2）深入分析调研成果，并以此为依据，为该门店提出相应的改进建议。

（3）将实地调研过程、结果分析和相应的改进建议等内容形成一份门店调研报告，然后在班级座谈会中进行交流和探讨。

 任务目标

（1）掌握门店开发和设计的相关知识。

（2）培养发现、分析、解决实际问题的能力。

（3）培养团队合作精神和创新素养。

 任务分组

全班学生以 5～7 人为一组，每组选出 1 名组长。组长与组员共同进行任务分工，并将小组成员和分工情况填入表 5-6 中。

表 5-6　小组成员和分工情况

班级			组号		指导教师	
小组成员	姓名	学号		任务分工		
组长						
组员						

 任务实施

将实训任务的具体完成情况记录在表 5-7 中。

表 5-7　实训过程记录表

负责人、时间、任务分配	实施步骤
	1. 所选门店的基本信息 门店名称＿＿＿＿＿＿＿＿＿＿＿＿＿＿＿＿＿＿＿＿＿ 门店位置＿＿＿＿＿＿＿＿＿＿＿＿＿＿＿＿＿＿＿＿＿ 经营概况＿＿＿＿＿＿＿＿＿＿＿＿＿＿＿＿＿＿＿＿＿

续表

负责人、时间、任务分配	实施步骤
	2．列举所需要的知识点
	3．实地调研（采访、拍照、观察等方式）
	4．门店位置合理性分析
	5．门店外观设计分析
	6．门店内部设计分析
	7．为门店设计提出改进建议或优化措施
	8．按要求撰写门店调研报告，在组内讨论并优化
	9．举办班级座谈会，各小组代表在课堂上进行汇报，教师和其他同学进行提问或发表意见
	10．记录实训中的心得体会或遇到的问题

学习成果评价

教师根据学生的课堂表现、实训过程表现和作业完成情况对学生进行评价，学生在教师指导下进行组内互评，师生共同填写学习成果评价表（见表5-8）。

表5-8　学习成果评价表

班级		组号		日期	
姓名		学号		指导教师	
学习成果					

评价维度	评价指标	评价标准	分值	评价分数	
				互评	师评
知识评价	理解知识	熟悉门店选址的相关知识	5		
		掌握门店内外部设计的内容和要点	5		
	应用知识	能够运用所学知识，进行门店开发和设计	10		
能力评价	考察分析能力	能够通过实地考察获取信息，并根据实际情况分析门店开发与设计的优势和不足	10		
	团队合作能力	能够配合团队其他人，进行有效的分工与合作	10		
	创新实践能力	能够分析实际生活中的问题，并提出解决问题的新方法	10		
素养评价	学习态度	能够积极参与课堂讨论，独立、按时完成任务考核与实训作业	5		
		能够投入时间和精力来学习，并享受学习过程	5		
	心理素质	能够正确面对他人批评，并保持良好的情绪，迎难而上，持之以恒	10		
	反思意识	能够对自身的学习状态和成效进行审视和反思，并及时总结经验，调整学习策略	10		
成果评价	调研报告	数据或图文资料翔实，内容全面，逻辑严谨	10		
	班级座谈会	小组成员积极参与，组织有序，发言清晰，讨论热烈	10		
合计			100		
总评		互评（30%）+师评（70%）=		教师（签名）：	

项目六

保证畅通
——连锁企业的配送管理

项目导读

　　随着物流技术和供应链技术的不断发展，连锁企业实现了大规模分销商品。与此同时，技术的发展也对企业的配送管理提出了更高的要求。为了将商品从各个供应商手中高效地运往销售终端，连锁企业需要不断完善自身的配送模式和体系，建立高效的配送中心，以保障商品的流通效率。可见，配送管理是连锁企业现代化发展的重要契机和挑战。因此，本项目以配送管理为主要内容，旨在使学生掌握配送管理的基本知识和作业流程，进而提高自身的配送管理能力。

知识目标

（1）了解连锁企业的各种配送模式及其特点。
（2）理解连锁企业选择配送模式的依据和原理。
（3）了解连锁企业配送中心的规划和配送作业流程。

能力目标

（1）能够为连锁企业选择恰当的配送模式。
（2）能够根据连锁企业的类型和特点，规划配送中心。
（3）能够模拟配送作业，发现其中存在的问题并加以解决。

素养目标

（1）感受精细化作业过程，树立注重细节的工作观念。
（2）形成不畏困难、敢于挑战的职业精神。

任务 一 选择配送模式

J超市的配送转型之路

J超市是一家大型跨国连锁零售企业。1995年，J超市率先将大卖场业态带入中国，开始在北京、上海等各个城市拓展门店。在发展过程中，J超市的配送模式经历了多次调整。

20世纪90年代，J超市实行店长集权制，即每家店店长拥有门店的选址、采购、配送、调价和陈列的自主权。当时，J超市在中国各地区的门店分布相对集中，其配送难度和压力较小。因此，J超市的所有商品都由供应商直接送货到门店。

21世纪初，随着更多连锁零售企业的迅速崛起，J超市的市场份额不断被超越。为改善经营状况，J超市开始变革配送模式。2015年3月起，J超市在江苏昆山（华东地区）、四川成都（华西地区）、湖北鄂州（华中地区）、天津武清（华北地区）、广东东莞（华南地区）、辽宁沈阳（东北地区）建立了6个配送中心。单个配送中心的面积超4万平方米，能够覆盖30～60家大卖场和便利店。

此外，为完善物流网络，J超市还将部分业务交给了专业的物流服务机构。例如，北京地区门店的配送业务由上海成协、朝百批发、大荣物流等几家物流企业承担。

J超市配送模式的变革，既是市场和物流环境共同催化的结果，也是其自身发展的必然要求。可见，选择恰当的配送模式，可以使连锁企业的商品运转更高效，并提高成功概率。

J超市为什么重视配送模式的变革？

一、配送模式及其特点

配送模式是指连锁企业在商品配送时所采用的基本战略和方法。按照提供配送服务主体的不同，连锁企业的配送模式可分为以下4类。

不合适配送模式的危害

（一）自营配送

自营配送是指连锁企业通过自行设计配送环节、自主组织和管理配送作业，实现货物配送的模式。在这种模式下，连锁企业需要自筹资金建设配送中心，如图6-1所示。配送中心是将供应商所提供的多品种、大批量的货物，进行储存、保管、分拣、组配、加工、信息处理等作业后，按要求送交给指定收货方的组织机构和流通设施。

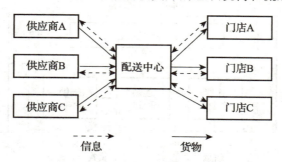

图 6-1　自营配送的运作流程

1. 自营配送的优点

（1）配送灵活，反应快速。在自营配送下，连锁企业可以自主管理配送业务，以门店的动态销售状况为中心，最大限度地满足自身的销售需求，提供及时的配送服务。因此，自营配送的服务水平一般比较高。

（2）有利于控制流通环节，实现战略一体化。在自营配送下，连锁企业的采购、运输、门店经营等各个环节形成了统一的整体。连锁企业通过协调各个环节，能够实现对配送的全过程控制，避免市场竞争的干扰，始终保持自身的配送优先权。此外，自营配送还有利于连锁企业统一调配各门店的库存、资金，实现战略一体化。

2. 自营配送的缺点

（1）资金投入大，财务风险高。连锁企业的配送范围越广、货物种类越多，对配送中心的运力和设备的要求就越高。因此，连锁企业筹建配送中心往往需要投入较多的资金，承担较大的财务风险。若门店数量和配送量达不到一定规模，则货物运输的单位成本较高，不利于连锁企业的资金周转和流通。

（2）管理难度大。当一个庞大的配送中心成为连锁企业的内部部门时，这无疑会增加连锁企业的管理难度。一方面，连锁企业需要耗费人力和时间管理配送中心的一系列建设和运营工作。另一方面，若连锁企业不太精通配送作业流程，自营配送的优势可能无法发挥。

3. 自营配送的适用范围

自营配送一般适用于经济实力雄厚、销售规模比较大、配送量比较稳定、配送网络比较健全的大型连锁企业。

（二）共同配送

共同配送是指为降低成本、提高效率，多家连锁企业联合起来，组成共同配送联合体，在互惠互利的目标下，共同出资建设或租用配送中心，实现货物配送的模式，如图 6-2 所示。

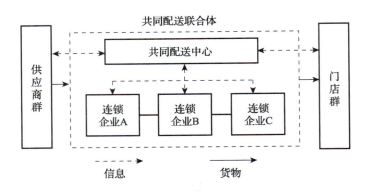

图 6-2　共同配送的运作流程

1．共同配送的优点

（1）优化资源配置。在共同配送下，多家连锁企业的设备、信息网络、人员可以实现统一管理，促进资源的最优配置，实现利益最大化。

（2）配送效率高，配送成本低。共同配送可以将各连锁企业的零碎货物合并、混装，将多次运输整合成一次运输，减少空车率，提高配送效率，降低配送成本。

（3）降低企业负担，提高核心竞争力。与自营配送相比，共同配送的投入较少，可以减轻连锁企业的财务负担。同时，这种模式便于企业将资金投入主要业务环节中，以此提高自身的核心竞争力。

（4）节约社会资源。多家连锁企业若在同一地区各自建设配送中心，可能会造成该地区用地紧张、环境污染或交通拥堵。相反，多家连锁企业若联合起来共同建设配送中心，则可以避免资源浪费，实现协同效应。

经营案例

沛县的"统仓共配"模式

随着网络零售的高速发展，电商物流的末端配送出现了许多问题，如配送成本居高不下、配送网络尚不健全等。为改变这一状况，江苏省徐州市沛县各快递企业开始实行"统仓共配"模式。

在"统仓共配"模式下，多家快递企业通过整合资源、共享信息、协同合作等方式，共同构建了一个统一的配送中心。这个配送中心负责集中收件、分拣、配送等任务，并对整个区域的快递业务进行统一管理和统一配送。在配送中心的管理下，各快递企业通过共享物流信息，实时掌握快递动态，协同完成配送任务，提高了配送效率，为收件人提供了更好的服务体验。

2．共同配送的缺点

（1）费用分摊不均。共同配送联合体中的各连锁企业的定位不同，可能会在共同配送中心的建设过程中产生资金出缴和分摊的矛盾。此外，各连锁企业的配送量不同，也会在货物配送过程中因运费承担不均形成争议。

（2）不利于保护商业机密。在共同配送下，连锁企业往往需要公开相关内部数据和信息。这样一来，连锁企业的商业机密就有被泄露的可能性。

（3）容易产生分歧。各连锁企业在企业文化、经营理念上存在差异，在合作时容易出现各种分歧。例如，在运力有限的情况下，连锁企业之间如何排序；在出现经营问题时，连锁企业如何统一意见、划分责任。可见，在共同配送下，连锁企业配送管理的组织和协调难度较大。

3．共同配送的适用范围

共同配送一般适用于规模较小且自建配送中心后很难产生规模效益的连锁企业，以及存在互补关系的连锁企业。例如，配送需求比较高但自身配送能力不高的连锁企业，可以和配送能力较强但配送需求不高的连锁企业组成共同配送联合体，共同配送货物。

 经营卡片

共同配送的实施注意事项

（1）确定合作意向。共同配送需要各连锁企业根据自身情况协商，充分评估彼此是否具备共同配送的条件。在这个过程中，合作意向足够强烈才能克服后续的困难。

（2）明确合作方式。由于共同配送的形式多种多样，各连锁企业需要充分了解各种形式的利弊，协商后以合同的形式确认主导权与合作方式，避免日后陷入权责不明、分配不均等困境。

（3）设立目标。共同配送的目标需要明确，包括提高效率、降低成本、提升服务水平等。各连锁企业需要围绕这些目标进行合作，确保合作的成果符合预期。

（4）共享信息。共同配送需要各连锁企业共享信息，包括货物信息、配送信息等。这有助于提高效率，减少重复工作和资源浪费。

（5）协同合作。共同配送需要各连锁企业建立互信和协作机制，共同解决问题，确保配送系统的高效运转。

（6）持续改进。共同配送需要各连锁企业不断总结经验、调整策略、优化流程，不断升级和改进合作方式。

（三）第三方配送

第三方配送是指连锁企业将全部或部分物流业务委托给专业的第三方物流服务商，实现货物配送的模式，如图6-3所示。在生活中，餐饮店商家的网络订单一般由专业平台的骑手负责取送餐，这种模式就是一种典型的第三方配送。

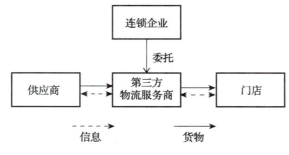

图 6-3　第三方配送的运作流程

1．第三方配送的优点

（1）有利于提高服务质量。第三方物流服务商一般运力较强，专业化水平比较高，可以为不同的连锁企业提供不同的物流服务。因此，相较于其他配送模式，第三方配送的服务质量一般较高。

（2）有利于连锁企业专注于内部其他业务。与自营配送相反，第三方配送能够使连锁企业将配送管理工作转移到企业外部，方便企业专注于销售等内部业务，减少在配送业务中的时间和人力的投入。

（3）有利于减少资金占用。第三方配送能使连锁企业避免一次性投入较多的资金。对资金紧张的连锁企业来说，多笔、多次投入资金有助于企业更好地利用资金，提高企业的资金周转率，降低财务风险和经营风险。

2．第三方配送的缺点

（1）不利于连锁企业控制配送环节。连锁企业将配送业务交给第三方物流服务商，失去了对配送环节的部分控制，从而难以根据自身需求进行灵活调控。

（2）费用波动较大。第三方配送的费用受到多种因素的影响，如配送距离、配送时间、服务水平等，且不同物流服务商对这些因素的界定标准各不相同。这种状况可能导致连锁企业的费用波动较大。

（3）难以保持配送的稳定性。在第三方配送下，连锁企业想要和第三方物流服务商保持长期稳定的关系，就需要不断与其沟通，并向其表达自身的诉求，监督其配送活动。一旦与第三方物流服务商的合作关系中断，连锁企业就需要重新寻找合作伙伴并重建配送网络。

3．第三方配送的适用范围

第三方配送一般适用于配送能力较差、服务要求较高的中小型连锁企业，以及配送业务不是企业经营重点的连锁企业。

（四）供应商配送

供应商配送是指直接由供应商将连锁企业采购的货物，在指定时间送到门店的配送模式，如图 6-4 所示。例如，大型日化产品生产商宝洁集团在许多地区建设了分销仓，能够及时了解各连锁企业的库存情况，并直接向其门店配送货物。

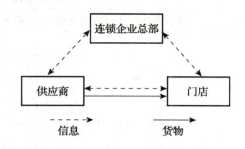

图 6-4　供应商配送的运作流程

1．供应商配送的优点

（1）运输成本低。在供应商配送下，运输成本由供应商承担，连锁企业不用承担运输成本，可以减少开支。

（2）配送环节少，避免外部干扰。连锁企业与供应商达成供货协议后，供应商会根据协议要求直接送货，且供应商和连锁企业之间没有其他流通环节或主体的干扰，配送稳定性较高。

2．供应商配送模式的缺点

（1）依赖性强，配送条件严格。一般情况下，连锁企业只有在规模和订货量达到一定要求时，才能享受供应商的配送服务。

（2）削弱了连锁企业的议价能力。在供应商配送下，连锁企业在一定程度上受供应商制约，其议价能力就会被削弱，失去协商先机。

（3）不利于连锁企业丰富和更新商品种类。在享受供应商配送服务的同时，连锁企业需要大量采购该供应商的商品。同一供应商的商品往往是固定的或同质的，这不利于连锁企业丰富和更新商品种类，从而失去自身的竞争力和经营特色。

3．供应商配送的适用范围

供应商配送适用于大型卖场或仓储型综合超市，以及门店集中、配送范围集中的连锁企业。

不同配送模式的比较分析

不同的配送模式各有所长，其比较分析如表 6-1 所示。

表 6-1　不同配送模式的比较分析

对比因素	配送模式			
	自营配送	共同配送	第三方配送	供应商配送
服务质量	高	较低	高	低
信息化程度	低	一般	高	一般
投资成本	高	一般	低	低
控制能力	高	较高	低	低
专业化程度	低	低	高	低
运营风险	高	较高	较低	高
集中发展核心业务的能力	低	较低	高	高
规模效益	高	较高	较高	高

二、配送模式的选择

在选择配送模式时，连锁企业需要综合考虑自身要求和外部环境。一般来说，配送模式选择的影响因素包括成本因素、服务因素、环境因素和内部因素几个方面，如图 6-5 所示。

（一）成本因素

成本是影响配送模式选择的关键因素。配送模式的不同意味着投资成本、配送作业成本等一系列成本的不同。

1. 投资成本

投资成本是指连锁企业选择某种配送模式需要付出的经济资源，包括资金、设备等。连锁企业可以从投资规模和投资风险两方面衡量投资成本。

（1）投资规模。若选择自营配送，连锁企业的投资成本主要包括配送中心的建设费用和购买各种运输、装卸、分拣、加工设备的费用，成本较高。若选择共同配送，连锁企业的投资成本主要包括各类设备费用，成本次高。若选择供应商配送或第三方配送，连锁企业几乎不需要付出投资成本。因此，连锁企业可以根据自身的财务状况和资金实力选择相应的配送模式。

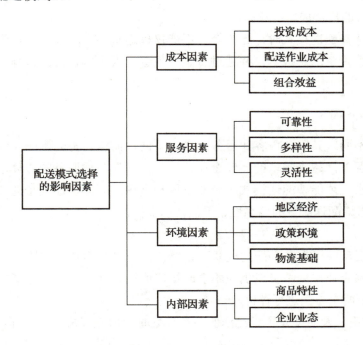

图 6-5 配送模式选择的影响因素

（2）投资风险。投资风险是指连锁企业在选择某种配送模式时需要承担的风险。配送模式不同，风险大小也不同。例如，若选择自营配送或共同配送，连锁企业需要购入各种技术设备，同时需要承担设备提前折旧或贬值的风险。

2. 配送作业成本

配送作业成本是指在某种配送模式下，连锁企业为配送业务（运输、加工、包装货物，并将其按时送达指定地点）支付的费用总和。配送作业成本一般包括仓储成本、运输成本、装卸成本、分拣成本和包装加工成本等。

每一项成本又包括人员工资、设备修理费、折旧费、材料费等。例如，运输成本包括配送人员工资、车辆的修理费和折旧费、燃料费、养路费等；包装加工成本包括包装人员工资、包装设备折旧费、包装材料费、水电费等。

除自营配送外，其他配送模式的配送作业成本不需要连锁企业核算，而由提供运输的服务方进行核算。因此，在选择配送模式时，连锁企业可以从自身货物量出发，考虑配送作业成本。

3. 组合效益

配送是一项复杂的综合性活动，存在效益背反的现象。这种现象表现为，配送中心中的各功能要素此消彼长、此盈彼亏。例如，某连锁企业为减少投资成本，建设了规模较小的配送中心，但这一举措会导致企业为频繁补充货物而增加运输次数，即增加配送作业成本；反之，如果扩大配送中心规模，则连锁企业的补货次数和运输费用会减少，但建设配送中心的投资成本会较高。

因此，在选择配送模式时，连锁企业不能仅以追求某一项成本最低为目标，而需要综合考虑配送和投资的总成本，并通过资金、设备、人力等资源的最佳配置，取得最高的组合效益。

（二）服务因素

配送模式不同，其服务内容和服务水平也不同，而这些都会影响连锁企业的经营状况。在这种情况下，越来越多的连锁企业认识到，只有配送服务的整体水平满足企业对配送服务的要求，才能使配送模式与企业发展相支撑。因此，连锁企业在选择配送模式时，可以综合考虑配送服务的可靠性、灵活性和多样性。

1. 可靠性

可靠性主要反映了在某种配送模式下，物流的配送能力和实现服务承诺的情况。可靠性越强，连锁企业出现缺货或供应不及时情况的概率就越低，经营活动就越稳定。可靠性可以从以下两个方面进行评价。

（1）及时率。及时率是衡量配送服务在计划时间内完成情况的指标。及时率越高，配送能力越强。

（2）准确率。准确率用以衡量配送服务的准确性。交货数量和质量与订单数量和质量之间的差值越小，配送服务的准确率越高。

2. 多样性

有些配送模式能提供比较多元、完整的服务，但有些配送模式只能提供单一的仓储和运输服务。例如，自营配送能够对货物进行加工、包装和运输，提供全面的服务，而供应商配送一般只提供简单的运输服务。因此，在选择配送模式时，连锁企业应考虑自身的服务需求，选择能满足相应要求的配送模式。

3. 灵活性

狭义上的灵活性主要指配送模式应对突发情况的能力。配送环节多、变动因素多，灵活性强的配送模式才能处理门店的异常需求，妥善解决问题，更好地应对风险。广义上的灵活性还包括该配送模式适应连锁企业发展的能力。连锁企业的运载量和门店布局会随着企业发展不断发生变化，只有发展能力强、更新速度快的配送模式才能为企业提供长期的、优质的配送服务。

（三）环境因素

供应商和门店的所在地及其环境是影响配送模式选择的重要因素。连锁企业对环境因素的分析可以从以下几个方面展开。

1．地区经济

如果某一地区的经济状况好，经济发展速度快，那么这一地区的货物流通就会比较高效畅通，在人才、技术等方面也会具有相对较大的优势。在这种情况下，连锁企业选择配送模式的自由度就相对较高。相反，如果某一地区的经济状况一般，货物流通较差，则连锁企业选择配送模式时应谨慎一些，避免所选择的配送模式无法实现预期的经营效益。

此外，地区经济的发展前景也是连锁企业选择配送模式时需要考虑的因素之一。如果某地当前经济状况一般，但已有明确的发展规划，正在向外辐射发展，这一过程必然伴随着基础设施的建设、资源的流通，也会为物流行业的发展提供广阔的空间，为连锁企业选择配送模式提供更多的可能性。

2．政策环境

如果政府在某一时期给予某种配送模式一定的政策优惠和扶持，那么连锁企业选择这种模式就能直接或间接享受到一定的税收优惠或资金补贴。

例如，某地政府鼓励物流中心的建设发展。此时，连锁企业选择自营配送，在该地建设配送中心就可以享受政策优惠，降低投资成本。又如，某地政府正在大力支持第三方物流服务商的发展。此时，连锁企业选择第三方配送投入的资金可能较低。

3．物流基础

某一地区的物流发达程度、物流市场规范程度、物流法律法规的完善程度等，都会影响连锁企业对配送模式的选择。例如，某一地区的物流基础较差，物流设施和网络尚未搭建起来，为保证配送的稳定性，连锁企业就会倾向于选择容易控制的配送模式，如自营配送。

（四）内部因素

1．商品特性

若经营的商品具有特殊性，连锁企业在选择配送模式时，就必须考虑该配送模式所提供的技术或设备能否满足商品的配送要求或工艺。例如，玻璃和陶瓷具有易碎性，若第三方物流服务商无法承运，可由供应商配送。又如，生鲜食品的保质期较短，通常需要冷链运输。为降低损耗，保证商品的新鲜和安全，连锁超市一般会建设配送中心或委托专业的冷链运输企业进行配送。

生鲜食品与冷链运输的发展

随着城市生活水平的提高和生鲜电商的增多，生鲜消费的冷链需求正在快速增长。在政策和市场环境持续向好的背景下，冷链物流行业迎来了新的发展机遇。

一般情况下，各大生鲜电商平台的物流配送，大多采用的是"二段式"半程冷链，即依托城市间干线冷链运输，以城市冷库为节点，配合冷藏车等保温设施完成配送上门。但对于分布较为零散的居民楼散户散单，采用专业的冷藏车配送入户成本过高。

在新零售的浪潮下，不少生鲜企业开始尝试线上和线下实体门店的资源整合，即通过设立前置仓和铺设实体店的方式，以"点"带"面"，大大缩短了配送距离，节省了时间。同时，短距离配送可采用冰袋，节省持续制冷的物流成本。

此外，行业内一些企业还着手自主研发生鲜保鲜技术、冷链运输溯源系统及新能源冷链电动车蓄冷技术，并与汽车公司合作生产新能源电动冷链车，打造绿色智慧物流。

2. 企业业态

不同业态的连锁企业对物流配送的要求是不一样的。例如，大型商超的配送量、装载量极大，可以采用自营配送或供应商配送；便利店的配送量较小，门店分布比较分散，可以采用第三方配送。

任务考核

一、不定项选择题

1. 下列关于配送的说法中，正确的有（　　）。
   A. 配送不仅包含了运输，还包含了拣选、包装等作业
   B. 配送管理是指发货和收货
   C. 配送模式的服务内容和服务水平，会影响连锁企业的经营状况
   D. 按照提供配送服务的主体不同，连锁企业的配送模式可分为 4 类

2. 连锁企业的配送模式有（　　）。
   A. 自营配送　　　　　　　　　　B. 共同配送
   C. 第三方配送　　　　　　　　　D. 分散配送

3. 自营配送的优点表现在（　　）。
   A. 有利于转移风险　　　　　　　B. 有利于控制流通环节
   C. 有利于实现战略一体化　　　　D. 投资小，成本低

4. （　　）不属于共同配送的缺点。
   A. 不利于保护商业机密　　　　　B. 费用波动较大
   C. 费用分摊不均　　　　　　　　D. 容易产生分歧

5. 连锁企业在选择配送模式时可以从（　　）考虑成本。

   A. 投资成本　　　　　　　　　　B. 组合效益

   C. 配送作业成本　　　　　　　　D. 成本核算方式

二、案例分析题

请阅读以下案例，并回答问题。

为提高配送效率，华润万家与货拉拉联手，利用货拉拉的运力为各门店配送商品。这主要是因为：一方面，货拉拉活跃司机数量超过 68 万名，可以做到 24 小时随时响应，拥有较强的运力。另一方面，货拉拉能够输出用车数据，包括区域用车占比、车型占比等，使门店用车情况变得清晰可见，且配送费用可以直接在企业账户扣除，极大压缩了华润万家的财务管理成本，帮助其实现管理统一。

（资料来源：牛谷月，《连锁超市物流配送开"卷"，谁能成为新武器？》，

央广网，2023 年 8 月 4 日）

华润万家与货拉拉联手属于什么配送模式？这种模式的优点体现在什么方面？

任务二　规划配送中心

任务导入

永辉超市的配送中心

作为近年来扩张速度较快的大型连锁企业，永辉超市股份有限公司（以下简称"永辉超市"）凭借独特的生鲜供应和经营模式赢得了市场的认可。为了向全国门店配送商品，永辉超市配送中心的投资和建设一直是其经营中的重中之重。

2010 年，永辉超市斥巨资，在重庆沙坪坝区打造了华西大区西永配送中心。该配送中心占地约 23 万平方米，并建有一个 6.8 万平方米的常温库和一个 4.4 万平方米的生鲜库。

随着门店数量在华西、华南地区的飞跃式发展，永辉超市又投资建设了四川永辉彭州物流园。该物流园占地约 13.8 万平方米，实地仓储面积超 8 万平方米。该物流园作为永辉超市在西南最大的集散中心，负责四川、西藏、青海、甘肃、宁夏等地区超百家门

店的配送业务，并服务于全国的供应链网络。在彭州物流园中，定温物流配送中心主要负责门店蔬果、干货、冻品、低温奶的配送；常温物流配送中心则用于配送百货类食品用品。

配送中心和物流园的建设，大大提升了永辉超市的配送效率，优化了顾客的购物体验。

（资料来源：王琳，《推进西南地区物流中心仓建设，永辉超市四川彭州物流园三期将投用》，

《新京报》，2023 年 11 月 16 日）

永辉超市为什么在华西地区建设配送中心？

一、配送中心的类型和特点

配送中心的出现改变了原先混乱复杂的物流通路，使货物流通变得井然有序，如图 6-6 所示。一般来说，配送中心的规模越大，配送效率越高，服务水平越高。

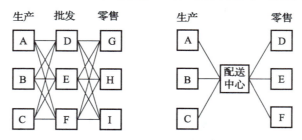

图 6-6 传统货物流通（左）和现代货物流通（右）

（一）配送中心的类型

1. 按功能分类

（1）流通型配送中心。流通型配送中心以流通配送为主要业务，适用于多品种、大批量货物的配送。这种配送中心的货物周转速度比较快，配送作业比较复杂，理货区面积比较大。

（2）加工型配送中心。加工型配送中心以提供加工服务为主要业务，通常会少品种、大批量进货，并根据连锁企业的订货要求对货物进行加工，如货物分级、改换包装、贴标签等。

（3）储存型配送中心。储存型配送中心以货物储存为主要业务，库存量较大，货物品种单一，储存设备齐全。

2. 按性质分类

（1）自有型配送中心。自有型配送中心是连锁企业自己投资建设、使用和管理的配送中心，一般只为本企业服务。

（2）合作型配送中心。合作型配送中心是由几家连锁企业共同投资建设、共同使用

和管理的配送中心。

（3）公共型配送中心。公共型配送中心是独立经营、提供专业服务的配送中心，一般面向社会，并收取一定的服务费用。这种配送中心规模较大，设施齐全，提供的配送服务比较完善。

3. 按经营范围分类

（1）综合型配送中心。综合型配送中心的配送范围较广，一般涵盖多种货物，而不指向具体某一类货物。

（2）专业型配送中心。专业型配送中心一般指向具体某一类货物。按经营对象的不同，专业型配送中心可分为食品配送中心、日用品配送中心、药品配送中心、家电配送中心等。

连锁企业如何选择合适的配送中心

（二）配送中心的特点

1. 配送速度快

配送中心能够精准对接供应商和门店，缩短配送时间，大大提高配送速度和效率。

2. 功能集约化

配送中心不是一个简单的货物"中转站"，它能够将运输、仓储等多项功能结合起来，连接货物的生产和销售环节，从而将流通过程整合成高效统一的系统。

3. 技术现代化

配送中心往往运用现代化的网络技术和信息情报技术，并使用先进的设备与管理手段为货物配送提供支撑。生产、流通和配送规模越大，物流配送技术、物流设备与管理手段就越现代化。

4. 作业规范化

配送中心为物流配送作业制定了标准的运作规程，从而使复杂的作业简单化，进而提高配送作业的效率和效益。

二、配送中心的规模设置

配送中心的建设是一项耗资巨大的工程。因此，连锁企业在设置配送中心的规模时，需要根据自身的配送需求，综合考虑多种因素，以确保决策的科学性和合理性。通常情况下，连锁企业可以从以下两方面进行考虑。

（一）商品经营总量

门店的商品种类和数量越多、经营面积越大，所需要的配送中心就越大。根据一些大型连锁企业建设配送中心的经验来看，配送中心的规模与门店经营面积的比例一般为1：10，即连锁企业有10万平方米的门店，则需要匹配1万平方米的配送中心。但是，配送中心规模与门店商品经营总量和经营面积的比例并不是绝对固定的，它会因业态、商品种类等因素的不同而有所浮动。

（二）商品周转速度

商品周转速度又称"商品周转率"，是指商品从入库到出库的时间和效率。商品周转速度慢，意味着商品在配送中心停留的时间比较长，出现大规模囤积商品的概率高，所需要的配送中心就越大；反之，所需要的配送中心就越小。

例如，沃尔玛为提高商品配送量，采用了越库配送技术，即货物在配送过程中不进行仓储，在仓外完成交接，大大提高了商品周转速度。这样一来，虽然沃尔玛的商品经营总量大，但其配送中心的规模反而可能小于商品周转速度较慢的连锁企业。

商品周转速度的衡量指标

商品周转速度反映了配送中心的管理水平，也是连锁企业降低成本的重要内容。一般来说，商品周转速度的衡量指标有以下两个。

（1）商品周转次数。商品周转次数是指一年中配送中心和门店之间能够周转几次，其计算公式如下。

商品周转次数=销售额÷平均库存额

平均库存额=（期初库存额+期末库存额）÷2

（2）商品周转天数。商品周转天数是指商品周转一次所需的天数，其计算公式如下。

商品周转天数=365÷商品周转次数

三、配送中心的选址

合理的配送中心地址可以优化物流配送网络，提高连锁企业的配送效率和服务质量，同时降低配送成本和库存成本。

（一）选址原则

1. 适应性原则

适应性原则要求连锁企业在为配送中心选址时，必须考虑某一地区的发展状况，使配送中心与当地资源分布相适应，与经济发展程度相适应。

2. 协调性原则

协调性原则要求连锁企业在为配送中心选址时，需要从宏观的角度出发，使配送中心与地区或全国的物流系统相协调，如物流资源的地域分布、物流基础和技术状况等方面。

3. 经济性原则

地价、水电费等成本因素会对配送中心的建设和发展产生很大影响。因此，在为配送中心选址时，连锁企业应秉持经济性原则，尽量以较低成本创造较大效益。

4. 战略性原则

战略性原则要求连锁企业在为配送中心选址时具备战略眼光。一方面，连锁企业要考虑全局，使局部服从整体。另一方面，连锁企业既要考虑实际需要，又要考虑未来发展，使短期利益服从长远利益。

（二）选址因素

在为配送中心选址时，连锁企业需要考虑多种因素，如图 6-7 所示。

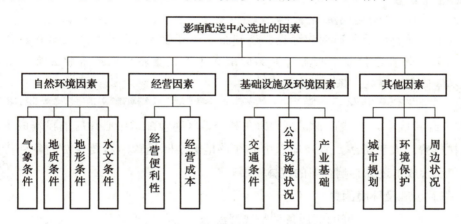

图 6-7 影响配送中心选址的因素

1. 自然环境因素

（1）气象条件。在为配送中心选址时，连锁企业要考虑的气象条件包括温度、风力、降水等。例如，为避免货物污染和老化，配送中心应建设在城市主要风向的上风向，同时还需要避开风口。

（2）地质条件。配送中心一般集结有大量的设备、重型车辆和货物，会给地面造成比较大的压力。因此，在为配送中心选址时，连锁企业必须选择地质稳定、土壤承载力较强的区域。

（3）地形条件。配送中心需要出入大量货物和车辆，为便于作业和货物运载，连锁企业应优先选择地势开阔、地形平坦，坡度起伏较小的地区。此外，为便于集中化作业和内部分区，连锁企业应优先选择成片的规则矩形区域，避免选择狭长的、不规则的区域。

（4）水文条件。在为配送中心选址时，连锁企业可以调查当地的水文资料，远离河滩、河道、内涝区等。

2. 经营因素

连锁企业考虑经营因素的原则是既要保证经营便利，又要控制成本，即在二者平衡的基础上为配送中心选址。

（1）经营便利性。为便于日常经营和及时补充商品，连锁企业在为配送中心选址时会充分考虑门店的分布情况，并将门店分布较为密集的区域作为配送中心选址的重点考虑区域。一般情况下，连锁企业会将到达所有门店总距离最近的地方作为配送中心的地址，以缩短运输距离、减少延误、提高效率。但是，各门店的规模和商品需求量不同，连锁企业会侧重考虑规模较大的门店，使配送中心靠近一家或几家规模较大的门店。

 经营贴士

出于对商品特性等因素的考虑，连锁企业还可能会使配送中心靠近供应商或产地。例如，许多连锁超市将生鲜商品的配送中心设置在农业或畜牧业生产基地附近，以降低商品损耗，保证服务质量。

（2）经营成本。连锁企业需要考虑在某一地区建设配送中心相应的投资成本，包括地价、材料费、人工费等，以及配送中心在该地区实际经营中需要花费的各种费用，避免投资和经营成本过高影响企业的整体发展。

3. 基础设施及环境因素

（1）交通条件。良好的交通条件是选择配送中心的前提条件。一般来说，连锁企业的配送中心要靠近港口、机场、铁路站点、公路货运站等交通枢纽，且最好能够联结两种以上的交通方式，以方便运输作业。

（2）公共设施状况。完善的公共设施是配送中心有效运转的重要保障。由于作业环节较多、信息化程度较高，配送中心一般要求有充足的电、水、热等能源供应，且厂区周围最好有固废、污染处理设施。

（3）产业基础。产业基础主要包括政策支持、劳动力和人才条件等。若配送中心所在地区的产业基础比较好，政策扶持力度比较大，物流产业的发展具有一定的基础，且能够招聘到高素质人才或劳动力，则连锁企业经营成功的可能性较大。

连锁超市在成都争建配送中心

2012年10月，沃尔玛的成都配送中心启用。2015年4月，家乐福在中国西区的供应链物流中心——成都新津物流园区正式启动。同年6月，永辉（彭州）农产品加工及配送中心开业。

国内外大型连锁超市纷纷选择在成都建设配送中心，这和成都所处的区位及良好的商业氛围密不可分。从交通条件看，成都是重要的交通枢纽。京昆、成渝环线、绕城高速等形成了通达西部的高速交通网；双流国际机场开通的多条国际地区航线，能够通达全球各大城市。从产业基础看，成都地处中国大西南和大西北结合部，临近东南亚，是国际大通道，也是中国西部地区重要的经济、科技、商贸、金融中心和通信枢纽。

此外，以彭州市为中心的川西平原上有4 000平方千米粮经复合产业带，是"南菜北运"和冬春蔬菜的生产基地，能够保证各大连锁超市新鲜蔬菜及农产品的及时供应。

（资料来源：赵张东，《大型连锁超市在成都争建物流配送中心》，

《四川日报》，2015年7月2日）

4. 其他因素

（1）城市规划。城市规划是城市发展的重要组成部分，它涉及城市的发展方向、功能布局、交通组织等方面。因此，在为配送中心选址时，连锁企业需要遵守城市规划和相关法律法规的规定，确保选址符合城市发展规划和土地利用规划的要求，为配送中心的建设和后续运营打好基础。

（2）环境保护。连锁企业在为配送中心选址时，要承担起社会责任，保护当地的自然环境和人文环境。例如，配送中心附近多有大型车辆出入，在选址时应远离居民区，避免噪声和尾气污染、破坏居民的生活环境。

（3）周边状况。连锁企业在为配送中心选址时，需要用整体的眼光看待周边状况。例如，若配送中心有较高的防火需求，连锁企业应避免将其建设在木材加工厂、冶金厂、化工厂等容易发生火灾的场所附近，从而降低安全隐患。

对于影响配送中心选址的多种因素，其重要性一样吗？你认为哪些因素权重较大，哪些因素权重较小？说说你的理由。

任务考核

一、不定项选择题

1. 配送中心选址应遵循（　　　）。

   A. 服务性原则　　　B. 效率性原则　　　C. 简单化原则　　　D. 协调性原则

2. （　　　）是影响配送模式选择的重要因素。

   A. 自然环境　　　B. 投资成本　　　C. 土地资源　　　D. 环境保护

3. 按功能不同，配送中心可分为（　　　）。

   A. 流通型配送中心　　　　　　　B. 加工型配送中心

   C. 合作型配送中心　　　　　　　D. 储存型配送中心

4. 下列关于配送中心选址的说法中，正确的有（　　　）。

   A. 连锁企业需要考虑在某一地区建设配送中心相应的投资成本

   B. 良好的交通条件是选择配送中心的前提条件

   C. 完善的公共设施是配送中心有效运转的重要保障

   D. 政策支持、劳动力和人才条件是影响配送中心选址的重要因素

5. 连锁企业配送中心的规模设置与（　　　）有关。

   A. 企业资金周转状况　　　　　　B. 商品经营总量

   C. 商品质量　　　　　　　　　　D. 商品周转速度

二、案例分析题

请阅读以下案例，并回答问题。

华润万家西安配送中心的地址如图 6-8 所示，它主要负责西安市 50 多家超市的商品配送。

请结合案例和所学知识，分析华润万家西安配送中心选址的合理性。

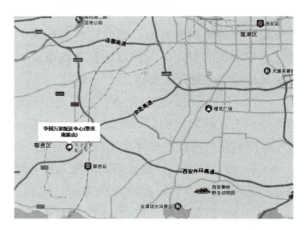

图 6-8　华润万家西安配送中心

（图片来源：百度地图）

任务 三 管理配送作业

任务导入

华润万家配送中心的智慧作业

华润万家配送中心的
智慧作业

2020 年，华润万家的凤岗配送中心建成并投入运营，主要负责广东、广西、湖南、四川、重庆等地区的配送业务，同时兼顾全国统配的功能，可以满足 200 家大卖场及 1 000 家小型业态的配送需求。

作为现代化的物流平台，凤岗配送中心依托先进的物流技术和大数据管理技术，精准控制各个作业环节，是国内自动化程度最高的配送中心之一，也为智慧物流、绿色物流的发展树立了典范。

在商品入库环节，凤岗配送中心的自动测量器可以直接为商品做好"身份登记"，自动获取商品的长、宽、高、重量及图像信息。远端的信息系统则可以根据商品信息组织机器人进行分类和转运，比人工节省90%的时间。

在商品分拣环节，凤岗配送中心应用了搬运机器人和自动分拣技术。搬运机器人能够将商品自动搬运至待分拣区。自动分拣技术能自动扫读、分拣商品，并将其传送到对应滑道，有效减轻人工劳动强度，提升商品分拣效率。

在商品储存环节，凤岗配送中心配备了先进的自动存取系统，实现了对商品的高密度储存和自动化作业。在同等单位面积的情况下，储存区的储存量能够提高 3～5 倍，最多可存放 223 万箱货物。

在送货环节，为实时监管运输车辆，凤岗配送中心引入了 GPS（全球定位系统）技术，监控运输车辆的位置和行驶方向，并实时监控司机的驾驶状态。当司机有危险驾驶行为时，系统会实时提醒，以保障商品及时送达目的地，减少安全事故的发生。

大数据、AI（人工智能）等先进技术手段和自动化、智能化的作业方式，使凤岗配送中心实现了精细化、全面化的运营管理，最大程度地满足华润万家庞大而繁杂的配送需求，使其服务水平和运营效率得以大大提升。

（资料来源：钟经文，《华润万家按下技术转型"加速键"，东莞凤岗智慧物流园赋能城市发展》，中国日报网，2023 年 7 月 25 日）

配送作业都有哪些环节，其主要内容是什么？

一、配送中心的经营管理目标

配送中心的高效运作有赖于良好的经营与管理，其各个作业环节需要秉持一致的目标。配送中心的经营管理目标可分为以下几个方面。

（一）服务性目标

在服务性目标下，配送中心需要为各门店提供储存、加工等全方位的服务，并确保服务准确、高效、安全，避免门店出现缺货、坏货等各种经营事故，从而在连锁企业降本增效中发挥积极的作用。

（二）速送性目标

在速送性目标下，配送中心需要迅速、及时地将货物配送到各门店。为完成这一目标，配送中心在安排和组织各个作业活动时应注意环节精简、权责明确、流程合理等。

（三）空间有效利用目标

在空间有效利用目标下，配送中心需要合理规划作业厂区的平面和立体空间布局，并妥善安排货物储存，以便现代化器械或设备开展集约化作业，提高配送效率。

（四）适当化目标

在适当化目标下，配送中心的作业环节需要与连锁企业的总体要求、成本和服务质量相符合。对此，配送中心必须把握作业中的集中与分散程度、机械化与自动化程度、电子计算机等设备的利用程度等，实现资源的合理配置及充分利用。

二、配送中心的作业流程

配送中心的作业流程如图 6-9 所示。

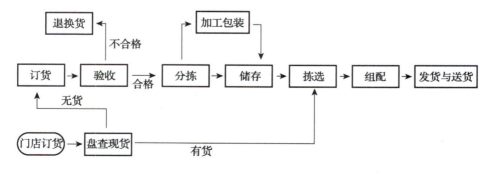

图 6-9　配送中心的作业流程

（一）订货作业

门店向配送中心订货后，配送中心需要盘查现货。若有货，配送中心可以直接开启拣选、发货等作业；若无货，配送中心则需要与采购部门共同开展订货作业，即根据门店订单、库存和销售变化，确定订购的商品种类、数量和时间，然后向符合资质的供应商订货，以确保这些商品能够按时、按量送达。

（二）验收作业

验收作业的主要内容是按照合同的有关规定、国家行业的相关要求，对供应商所提供商品的质量、数量等进行验收，并为合规商品办理入库手续，为不合规商品办理退换货手续。商品验收主要包括以下内容。

1. 数量、品种和规格检验

只有数量、品种和规格符合要求的商品，配送中心才能确认收货。通常情况下，配送中心可以根据实物、合同和送货单上的内容对商品进行确认。若商品数量与合同不符，配送中心需要按实际收货情况进行处理和调整；若商品品种和规格与订货要求不符，配送中心则需要进行退换货处理。

2. 包装检验

在商品价值不是很高或供销双方关系良好的情况下，配送中心可以通过检验包装来判定商品的质量情况。商品包装的检验主要有以下几个方面。

（1）包装的规范性，即检查包装是否符合国家、政府和行业主管部门的有关规定，以及与合同的符合程度。

（2）包装信息的完整性，即检查包装是否标明了必须标明的内容，如生产厂家、生产时间等。

（3）包装的完好度，即检查包装是否存在破损、渗漏、变形、发霉等问题。

3. 商品功能调试

对于某些日用品，如电器、钟表等，配送中心在验货时，应当调试其功能，以确定这些商品是否符合技术标准，防止出现以次充好的劣质商品。当商品数量较多时，配送中心可以指派专门的质检人员抽检和调试商品。

4. 索证与标识检验

由于部分商品的生产技术复杂，配送中心可能不具备对其进行质量检验的能力。在这种情况下，配送中心可以在商品验收中进行索证与标识检验。索证是要求生产企业或供应商出具商品检验报告；标识检验是检验商品包装或标签上的标识是否符合标准。例如，许多电器都贴有中国能效标识，该标识可以作为商品节能效率和等级的检验依据之一，帮助配送中心完成质量检验。

（三）退换货作业

对不符合验收标准的商品，如商品品质不良、规格错误等，配送中心需要进行退换货作业。

在进行退换货作业时，配送中心需要填写退换货申请单，并将退换货商品的数量、原因等信息标注好。退换货既可以单独进行，也可以与验收作业同时进行，即验即退，让货车返回供应商处时将退换货商品带回，同时确认退换货的货款处理方式。此外，配送中心还可以划定专门区域单独存放退换货商品，避免与其他货物混放造成管理混乱。

（四）分拣作业

对供应商提供的商品，配送中心需要按种类或一定原则将其分开、分类暂存，以便进行下一步的储存作业。

（五）储存作业

储存作业的主要内容是将商品妥善保管，以方便存取，一般包括以下几个方面。

1. 储位分配

储位分配是指配送中心根据商品分类保管方案、货仓空间等，规划和确定仓库中商品的摆放形式。合理的储位分配可以提高配送中心的储存效率和取货效率，降低库存成本和管理成本。一般情况下，配送中心会使用简单规范的方法来表示货区、通道、行列、层、格等货位信息，如字母加数字编码。在储位分配时，配送中心要遵循以下原则。

（1）周转率原则。为提高商品出入库效率，配送中心可以按照商品周转率安排储位。一般来说，周转率越高的商品应越靠近出口。

（2）相关性原则。配送中心应把同一类型或具有互补性的商品安排在邻近的储位上，以便于将同类商品一同出货。

（3）相容性原则。某些商品之间存在的排斥性会导致商品品质受损，如茶叶和香精含量较高的商品储存在一起会变味。因此，配送中心应遵循相容性原则，以确保不同商品之间不会相互影响或发生不良反应。

（4）先进先出原则。为避免商品在库停留时间比较长而出现老化、变质等问题，配送中心应将先入库的商品放置在外侧储位，优先出库。这一原则适用于保质期较短或性质不稳定的商品，如食品等。

（5）面向通道原则。为便于商品出入库和查找，配送中心应将商品正面面向通道储存。此外，商品和货位的编号标识、名称等也应设置在容易被看到的位置。

（6）重量特性原则。配送中心应按照重量来安排商品的存放位置。通常情况下，重物下放、轻货上放。此外，配送中心还要考虑机械化搬运和人工搬运的不同，人工搬运的重物应存放在腰部以下位置，而机械化搬运的货物应存放在方便机械操作的位置上，具体高度安排应与不同的机械和货架相匹配。

（7）叠高原则。为提高仓库空间的利用率，配送中心应尽量将商品叠高存放。但是，商品叠高存放不利于选择性取货，也存在安全隐患，所以许多配送中心会使用多层高位货架储存商品。

（8）商品特性原则。配送中心应按照商品的特性规划储位，使其处于适当的环境中，如某些化学品应当隔离放置，易燃易爆商品需存放在阴凉干燥的区域，等等。

2. 商品盘点

商品盘点是指配送中心将仓库内的商品实际数与财务账簿数进行核对，通过核对账、卡、货是否相符，以检查库存商品数量和库存商品结构合理性的一项仓储管理工作。

盘点一般要经历以下几个重要步骤：一是配送中心指定盘点人员，确定盘点时间、盘点范围和盘点方法；二是盘点人员记录货物数量，检查商品的保管条件和安全状况；三是盘点人员对照货单检查商品的实际数量，分析盘亏或盘盈的原因，并将结果及时汇报给上级进行变动处理。

3. 商品养护

在储存过程中，商品可能会发生质量变化。为更好地保存商品、维护商品质量，配送中心需要严格把控商品储存的外部条件。例如，连锁超市的配送中心一般有较多的畜、禽、蛋、奶等生鲜商品，这些商品容易腐烂、变质，对储存条件有特殊的要求，保管难度比较大。为防止损失，配送中心应严格把控储存区域的温度和湿度，运用多种保鲜方法，以保证这类商品的出库品质。

（六）加工包装作业

加工包装作业就是配送中心根据需要对即将进入流通领域的商品进行包装、分割、贴标签、组装等简单作业的总称。一般来说，配送中心的加工包装作业有以下几类。

（1）改换规格。配送中心会将一些散装的日杂用品改装成包装商品。例如，有些配送中心将农副产品按质量、规格进行包装，将大包装的商品根据销售需要分割成小包装。

（2）贴标。为规范经营，方便顾客购买，配送中心会在部分商品的包装上贴上标签，如价格、食用方法等。

（3）精加工。精加工对配送中心的要求比较高。以食品为例，配送中心需要将农产品洗净、切分、简单烹饪，进而将其加工为半成品或成品，以节省门店的工作时间，提高门店的工作效率。

经营案例

中商罗森的中央厨房

中央厨房是具有独立场所和餐饮设备，能集中完成食品成品或半成品加工制作，并直接配送给餐饮服务门店的经营单位。它既具备配送功能，也具备各种精加工功能。

2023 年，中商罗森在马鞍山建立的中央厨房投入生产，开始为安徽省内近 500 家罗森便利店提供各种烘焙产品及鲜食产品的加工和配送服务。该场所搭建了分拣仓储、技术研发和配送销售等作业环境，能够通过现代化的设备和技术，确保食品新鲜、安全。中央厨房的建立使罗森便利店中所有的烘焙产品及鲜食产品实现了自产自销，也使罗森便利店的供应链体系更加完整和可靠。

（资料来源：柴胜松，《郑蒲港新区中商罗森中央厨房项目试机成功》，

《马鞍山日报》，2023 年 7 月 3 日）

（七）拣选作业

拣选作业的主要目的是将门店所需要的商品正确而快速地集中起来。在配送中心的作业环节中，货物搬运、装卸的成本高，花费时间多。因此，准确的拣选作业能够降低重复搬运和装卸的次数，减少作业失误，提升作业效率。

当配送中心接到门店订单后，管理人员首先会分析和处理订单，将配送需求指示转换成配货单，并向拣货人员下达拣货指令。然后，拣货人员会根据配货单上的内容、出货次序和储位区号等整理好应出货的商品。经复核人员确认无误后，拣货人员将出货商品放置到暂存区，准备装货上车。

拣选环节一般需要耗费较多的时间和人力，因此，许多配送中心都引入了自动拣选设备。自动拣选设备可以通过扫描商品信息和自动传送，将商品运至指定的暂存区。

经营贴士

分拣和拣选只有一字之差，但是它们的作业内容是不同的，其主要区别在于是否对商品进行分类。分拣是将商品按品种、出入库先后顺序分门别类地堆放，发生在入库环节。拣选则是配送中心出货的第一个环节，是按照要求将不同商品挑选出，并将其放置在同一区域。

（八）组配作业

组配作业是在充分利用货车容积和载重的基础上，按照不同的配送路线和门店需

求，合理地组合和安排商品，以保证商品准确、及时地送到各门店。组配作业可以减少交通流量，降低送货成本，提高配送效率，是现代配送作业区别于传统送货的重要标志。

在进行组配作业时，工作人员要先组合商品，然后将组合好的商品装车，待捆扎牢固后等待送货。一般来说，商品装载要遵循先卸后装、后卸先装的原则，并确保商品堆码整齐，充分利用车厢容积。

（九）发货与送货作业

发货与送货作业是配送中心作业流程的最后一个环节，即将商品及时、安全地运送到各门店。在发货前，配送人员应严格核查商品数量和种类，避免误送、错送等现象的发生，进而减少退换货造成的商品损耗和资源浪费。

此外，由于商品运送容易受交通状况、车辆条件、车流量变化、道路施工等多种因素的影响，配送中心必须制订科学的送货计划，包括送货的路线规划、送货人员及车辆的管理等，提高配送效率和效益。

配送中心的作业信息

在整个配送作业流程中，配送中心一般都会依靠各种信息技术手段实现信息化作业。在信息化作业下，配送中心能够对每个环节进行计划、记录和预测，并使各个环节之间产生互动，减少重复操作和差错，实现作业的统一化、精准化、高效化。配送中心作业流程涉及的主要信息如表6-2所示。

表6-2　配送作业流程涉及的主要信息

流程	主要信息
订货	订货需求信息、盘存现货信息、供应商信息
验收	到货信息、验货标准信息
退换货	退换货申请信息、退换货处理信息
分拣	分拣要求信息、分拣标准信息
储存	出入库信息、储位信息、商品管理要求信息
加工包装	加工项目信息、加工数量信息、技术要求信息
拣选	门店订购信息、拣选要求信息
组配	商品组合信息、车辆安排信息、送货车辆信息
发货与送货	路线制定信息、送货跟踪信息、司机资料信息

任务考核

一、不定项选择题

1. 配送中心的经营管理目标有（   ）。

    A. 服务性目标
        B. 速送性目标

    C. 空间有效利用目标
    D. 适当化目标

2. 在验收作业中，商品包装检验的内容不包括（   ）。

    A. 包装的规范性
        B. 包装的美观性

    C. 包装的完好度
    D. 包装信息的完整性

3. 储存作业主要包括（   ）。

    A. 改换规格
        B. 商品验收

    C. 储位分配
    D. 商品养护

4. 下列关于退换货的说法中，不正确的是（   ）。

    A. 在进行退换货作业时，配送中心需要确认退换货的货款处理方式

    B. 对不符合验收标准的商品，配送中心可直接退回，无须填写退换货申请单

    C. 退换货既可以单独进行，也可以与验收作业同时进行

    D. 配送中心可以划定专门区域单独存放退换货商品

5. 在进行储位分配时，配送中心应遵循（   ）。

    A. 经济性原则
        B. 周转率原则

    C. 先进先出原则
    D. 相关性原则

二、简答题

1. 简述配送中心验收作业的主要内容。

2. 简述配送中心商品盘点的主要步骤。

项目实训

任务描述

全班学生以小组为单位,选择一家连锁企业(连锁超市、便利店、餐饮店均可),收集该企业配送管理的相关资料。假如该企业想要新建一家配送中心,请结合所学知识完成以下任务。

(1)各小组分析所选企业的配送模式,并结合实际情况,为该配送中心选址。

(2)各小组绘制并提交一份配送中心的选址地图,要求在图中标明选址时所考虑的要素并简单说明。

(3)小组成员分别担任配送中心的工作人员,进行一次模拟配送作业。

(4)各小组以照片、工作日志等形式将模拟配送作业的过程记录下来,在班级中展览。

任务目标

(1)掌握连锁企业配送管理的基本知识和相关作业流程。

(2)提高分析问题、解决问题的能力。

(3)培养团队协作、相互帮助的精神。

任务分组

全班学生以5~7人为一组,每组选出1名组长。组长与组员共同进行任务分工,并将小组成员和分工情况填入表6-3中。

表6-3 小组成员和分工情况

班级		组号		指导教师	
小组成员	姓名	学号		任务分工	
组长					
组员					

 任务实施

将实训任务的具体完成情况记录在表 6-4 中。

表 6-4　实训过程记录表

负责人、时间、任务分配	实施步骤
	1．所选企业的基本信息 企业名称＿＿＿＿＿＿＿＿＿＿＿＿＿ 企业规模＿＿＿＿＿＿＿＿＿＿＿＿＿ 经营内容＿＿＿＿＿＿＿＿＿＿＿＿＿
	2．列举所需要的知识点
	3．该企业的配送模式是＿＿＿＿＿＿＿＿ 配送模式分析要点有＿＿＿＿＿＿＿＿ ＿＿＿＿＿＿＿＿＿＿＿＿＿＿＿＿＿ ＿＿＿＿＿＿＿＿＿＿＿＿＿＿＿＿＿
	4．配送中心选址＿＿＿＿＿＿＿＿＿＿＿ 选址理由＿＿＿＿＿＿＿＿＿＿＿＿＿ ＿＿＿＿＿＿＿＿＿＿＿＿＿＿＿＿＿ ＿＿＿＿＿＿＿＿＿＿＿＿＿＿＿＿＿
	5．绘制选址地图，标明选址要素（交通要道、交通枢纽、门店分布、地形特点、周边状况、地价等）
	6．你在配送中心中担任＿＿＿＿＿＿角色，你的主要任务是＿＿＿＿＿ ＿＿＿＿＿＿＿＿＿＿＿＿＿＿＿＿＿ ＿＿＿＿＿＿＿＿＿＿＿＿＿＿＿＿＿ ＿＿＿＿＿＿＿＿＿＿＿＿＿＿＿＿＿
	7．各小组提交地图作业，全班学生共同策划照片墙或日志窗
	8．记录实训中的心得体会或遇到的问题

学习成果评价

教师根据学生的课堂表现、实训过程表现和作业完成情况对学生进行评价，学生在教师指导下进行组内互评，师生共同填写学习成果评价表（见表 6-5）。

表 6-5 学习成果评价表

班级		组号		日期		
姓名		学号		指导教师		
学习成果						
评价维度	评价指标	评价标准	分值	评价分数		
				互评	师评	
知识评价	理解知识	熟悉连锁企业配送模式的特点和选择依据	5			
		熟悉配送中心的选址原则和影响因素	5			
		熟悉配送中心的作业流程	5			
	应用知识	能够运用所学知识，设计和规划配送作业	5			
能力评价	信息分析能力	能够根据收集的信息，分析、推导连锁企业配送作业的合理性与发展方向	10			
	团队合作能力	能够配合团队其他人，进行有效的分工与合作	10			
	创新实践能力	能够分析实际生活中的问题，并提出解决问题的新方法	10			
素养评价	学习态度	能够积极参与课堂讨论，独立、按时完成任务考核与实训作业	5			
		能够投入时间和精力来学习，并享受学习过程	5			
	心理素质	能够正确面对他人批评，并保持良好的情绪，迎难而上，持之以恒	10			
	反思意识	能够对自身的学习状态和成效进行审视和反思，并及时总结经验，调整学习策略	10			
成果评价	选址地图	资料翔实，要素多元，图文丰富，全面客观	10			
	作业过程记录	作业过程生动活泼，记录清晰	10			
合计			100			
总评		互评（30%）+师评（70%）=		教师（签名）：		

项目七

了如指掌
——连锁企业的信息管理

项目导读

连锁企业在商品采购、顾客管理和商品配送等环节的正常运作，都需要依靠信息的交换和传输来实现。可见，信息管理贯穿连锁企业经营管理的全过程。及时掌握内外部信息，连锁企业才能更好地管理人力、财力和物力，实现自身的经营目标。因此，本项目以信息管理为主要内容，旨在提升学生的信息化能力和素养，以适应现代化、数字化的经营管理工作。

知识目标

（1）了解连锁经营信息的特征与构成。
（2）理解连锁企业信息管理的过程。
（3）熟悉连锁企业各个信息系统的构成及其功能。
（4）了解连锁企业信息系统的数智化发展。

能力目标

（1）能够通过信息系统完成各种经营管理业务。
（2）能够通过信息管理提高工作效率，为企业发展出谋划策。

素养目标

（1）关注科技与信息技术的发展动态。
（2）树立与时俱进的理念，不断学习，追求创新。

任务 一 掌握连锁经营信息

任务导入

京客隆的信息管理

北京京客隆商业集团（以下简称"京客隆"）是一家以日用消费品零售及批发业务为主的连锁企业，其门店大都分布在北京及河北部分地区，主要采取大卖场、综合超市、便利店等模式经营。

从1999年起，在自身经营需要和外部市场变动的背景下，京客隆开始了信息化改革。最终，京客隆实现了总部与门店、配送中心、网站之间的信息共享和交换，全面开启了"统一订货、统一配送、统一结算、统一定价"的管理模式。

通过信息化管理，各门店的补货订单每日会自动传给总部的采购中心。采购中心会在固定时点自动分单，再将订单传给配送中心或京客隆网站的供应链系统。配送中心接到订单后，可以通过配送管理系统自动分拣，出库后还可以自动加计门店库存。供应商则可以在京客隆网站上下载订单，进行相应的拣货、发货等工作。在整个过程中，门店可以随时查看订单的处理进度，包括审批进度、出库进度等。在货物验收后，验收信息会自动回传到结算中心进行统一结算。同时，所有业务数据会自动转入财务系统，形成企业的经营账目数据。

此外，京客隆还建立了数据仓库，通过对企业数据的采集、挖掘和分析，不断提升和优化企业的各项业务，形成良性循环。

在商业自动化信息管理下，京客隆达到了"三低三高"的经营目标，即低成本、高效能，低利率、高销量，低价格、高回报，在业务发展和市场占有率提升上取得了很大的成果。

信息管理在京客隆日常运营中的作用

（资料来源：范胜军、徐龙建，《京客隆打破运维"黑匣子"》，
《互联网周刊》，2006年第4期）

京客隆的信息管理在其日常运营中发挥了哪些作用？

一、连锁经营信息

连锁经营信息是指与连锁企业经营业务相关的各种信息的集合，也是连锁企业信息管理的主要对象。这些信息涉及连锁企业的经营管理、市场营销、物流配送、财务审计

等各项活动，是连锁企业日常管理和经营决策的重要依据，对提高管理效率和业务水平具有重要意义。

（一）连锁经营信息的特征

1. 信息量大

连锁企业的门店数量多、分布广，在流通管理过程中的商品品种多，基础信息量较大。此外，连锁企业顾客的需求呈现小批量、高频率的特征，这进一步增加了连锁企业的经营信息数量。

2. 更新快

从内部因素看，随着连锁经营活动频率的大幅提高，连锁企业需要实时获取和更新各种销售数据、库存数据和客流数据，才能及时调整经营状况。

从外部因素看，由于市场环境复杂多变，连锁企业需要时刻关注市场动态和竞争对手情况，并根据市场信息及时调整经营策略，优化市场布局。

3. 来源多样化

随着时代的发展，连锁企业的交互对象越来越广，渠道越来越多，可利用的现代化信息技术手段也越来越多。因此，连锁经营信息呈现出来源多样化的特点。

（二）连锁经营信息的构成

按照信息来源的不同，连锁经营信息可分为内部信息和外部信息。

1. 内部信息

内部信息是指连锁企业内部产生的各种信息，主要反映连锁企业的基本状况和经济活动，如企业的规模及构成、企业的经营管理目标等。内部信息的特点是直接、可靠、及时。一般情况下，连锁企业主要有以下两个内部信息来源。

（1）连锁企业内部各部门或机构。连锁企业内部的管理、销售、财务、顾客服务、人事和后勤等部门或机构，是连锁企业内部信息的主要来源。

（2）经营现场。经营现场主要指连锁企业的门店和柜台，以及连锁企业参与的各种展销会、洽谈会、交易会等。连锁企业的各类经营现场是最根本和最重要的信息源。

2. 外部信息

外部信息是指在连锁企业外部产生，但与企业运行密切相关的各种信息。外部信息能够为经营决策提供分析依据，是连锁企业实现自身战略的重要参考因素。连锁企业的外部信息主要包括以下几种。

（1）宏观环境信息。宏观环境信息反映了连锁企业所处的社会状况，包括国内外政治经济环境、社会文化环境、法律环境、政策环境等信息。

（2）科学技术发展信息。科学技术发展信息是指与连锁企业经营相关的各种科学技术的发展状况和前景。这些信息往往预测了商品发展的方向，对连锁企业的新品研发具有重要作用。

（3）市场信息。市场信息能够反映商品供求关系和发展趋势，主要包括市场需求信息、市场供应信息、竞争对手信息等。

（4）其他外部主体信息。连锁企业的经营管理活动不是孤立的，需要接触其他外部主体。这些外部主体包括工商部门、税务部门，企业所属行业的协会、学会，商业、教学等各类社会团体，等等。在与外部主体接触的过程中，连锁企业能够获得较多与自身经营相关的信息，如税收优惠政策、行业发展前景等。

👤 经营互动

2021 年 11 月，我国开始实施《中华人民共和国个人信息保护法》，这是一部专门保护公民信息安全的法律。它与《中华人民共和国网络安全法》《中华人民共和国数据安全法》等法律共同构成了一张信息保护网。你认为在国家不断加强信息安全管理的背景下，连锁企业在获取信息时要注意哪些问题？

二、信息管理

信息管理是连锁企业为有效地开发和利用信息资源，以现代信息技术为手段，对信息资源进行计划、组织、领导和控制的一种社会活动。

对连锁企业来说，信息管理的重点是使物流、资金流和信息流在企业内部畅通无阻地流动，从而提高商品流通效率、降低中间成本、改善经营环境、提高企业竞争力，使自身的经营和管理过程合理化、制度化、规范化。

（一）信息管理的要求

为及时了解、处理和管理各项业务，连锁企业的信息管理需要满足以下几点要求。

1．全面适量

全面的信息才能反映企业经营的真实状况。想要做出正确的决策，采取有效的措施，连锁企业就需要获得完整的、客观的经营信息，而非某一环节或某一门店所反映的信息。需要注意的是，连锁企业在信息管理时要注意把握信息量和管理尺度，做到全面而不过量。

2．及时准确

在信息管理的背景下，连锁企业的决策和运作需要真实、准确的信息为其提供支撑。因此，信息的收集、处理、储存和传输过程要准确无误、快速及时，充分反映连锁企业各项活动的状况，体现其实用价值。

3．沟通顺畅

连锁企业要得到及时、准确的信息，就要做到沟通顺畅。因此，连锁企业信息管理的过程应简洁、高效，避免沟通不畅导致各种决策失误，影响经营管理活动的开展。

（二）信息管理过程

连锁企业的信息管理过程主要包括对信息的收集、处理、储存和传输。

1．信息收集

信息收集就是通过各种渠道获取信息的行为，是信息管理的首要环节。连锁企业收集信息的渠道，主要包括以下几种。

（1）通过连锁企业自建的信息系统获得。

（2）通过大众传播途径获得，如报纸杂志、文献资料、电视广播、图书等。这类资料一般是经过加工的，能够为连锁企业提供系统化的参考信息。

（3）通过信息网络获得，如各种计算机数据库和数据通信网等。

（4）通过各种社会关系获得。连锁企业可以从与自身有行政关系、业务关系、人际关系的各种机构和人士处获取相关的商业信息。

（5）通过专业信息机构或社会团体获得。

（6）通过社会调查获得。

经营案例

连锁企业的信息交互机制

商业损失一直是影响零售业发展的重要问题之一。其中，内外盗占整个商业损失的六成左右。为保护商业财产安全，福建省永辉超市、新华都超市、冠超市三家连锁企业联合宣布共同建立福建地区个人信用"负面信息交互"系统。

在"负面信息交互"系统中，参与企业可以上传、记录职工的负面信息，包括行贿、受贿、索贿及盗窃等行为，以供其他企业参考。随后，大润发等超市也加入该系统，并确定了相关合作事宜。

个人信用"负面信息交互"系统的建立，体现了连锁企业信息互通的趋势，为商业安全信息的收集和交换提供了新的渠道。

（资料来源：林晨，《福建省商超龙头共建个人信用"负面信息交互"系统》，

东南网，2016年6月28日）

2．信息处理

直接收集到的信息往往是混乱的、原始的。信息处理就是对收集到的大量原始信息进行筛选、判别、分类、编码、计算、研究、标引、编目和组织等，将其加工为有用的

二次信息的活动。

在信息技术不断发展的背景下，连锁企业可以借助计算机信息管理系统处理各种信息。相比以往依靠个人经验或传统的零散处理手段，信息处理的效率得到了很大的提升。

3. 信息储存

信息储存是将经过科学加工处理后的信息资源，按照一定的规则记录在相应的信息载体上，并将这些载体按照一定原则组织起来的一系列活动。信息资源的种类包括文件、图像、数据、报表、档案等。

信息储存一般包含以下 3 个层次：一是有规则地记录采集到的信息；二是将相应的信息载体整合成有序的集合；三是应用计算机等先进技术和手段，提高信息储存的效率和信息利用的水平。

信息储存的作用

（1）方便检索：加工处理后的信息资源储存于信息资源库，能够为信息使用者从中检索所需信息提供较大便利。

（2）利于共享：集中储存的信息资源，便于连锁企业的各个部门共享信息内容，提高信息资源的利用率。

（3）延长寿命：对信息资源合理、安全地储存，可以有效延长信息资源的使用年限，提高信息资源的使用效益。

（4）方便管理：有效的信息储存便于连锁企业应用各种先进的数据库管理技术，及时剔除失效、过时的信息，进而提升信息管理效率。

4. 信息传输

信息传输是以信息提供者为起点，通过传输媒介或载体将信息输送给信息接收者的过程。信息传输是信息管理工作的中间环节，即信息的流通环节，在整个信息管理过程中具有非常重要的地位。只有经过传递的信息才能发挥其作用，帮助连锁企业及时调整经营策略，做出更明智的选择。此外，连锁企业会根据不同的需要，以不同的方式传输信息，如报表、图像等，供信息接收者使用。

任务考核

一、不定项选择题

1. 连锁企业的内部信息有（　　　）。
   A. 科学技术发展信息　　　　　　　B. 经营现场的信息
   C. 宏观环境信息　　　　　　　　　D. 企业内部部门或机构的信息

2. 信息管理过程主要包括（　　　）。
   A. 信息收集　　　　　　　　　　　B. 信息处理
   C. 信息储存　　　　　　　　　　　D. 信息传输

3. 信息储存的层次主要包括（　　　）。
   A. 有规则地记录采集到的信息
   B. 将相应的信息载体整合成有序的集合
   C. 应用计算机等先进技术和手段，提高信息储存的效率和信息利用的水平
   D. 通过传输媒介或载体将信息输送给信息接收者

二、简答题

1. 简述连锁经营信息的特征。

2. 简述信息储存的主要作用。

任务　二　　使用信息管理系统

任务导入

沃尔玛的信息管理系统

为了对门店和业务实行统一管理，沃尔玛组建了较为先进的信息管理中心，负责各种信息管理系统的开发、操作和应用。

在门店管理方面，各门店采用了 POS 系统进行收银和结算。同时，门店的销售系统与总部的智慧系统相关联，方便总部随时收到门店回传的销售信息，及时为门店做出辅助管理决策。

在顾客管理方面，当顾客出示会员卡结账时，收银员可以通过扫描会员卡确认会员身份，并将顾客所购买的商品信息加入其在数据库中相对应的目录之下。通过会员信息管理系统对顾客购买行为的分析，沃尔玛能够制定可行的促销策略，并针对目标顾客推送商品信息，以达到增加销售额的目的。

此外，沃尔玛还与 IBM 公司合作开发了专有订货系统，方便门店、配送中心、供应商等共享订货信息。当门店向配送中心提出订货需求后，配送中心可以自动安排货物，并在较短时间内将货物发送出去；供应商也能及时了解配送中心货物的变化状况，根据其补货需求，将货物按时按量送达配送中心。在这一过程中，总部可以随时掌握门店内的存货数量、正在运输途中的货物信息、配送中心的执行进度等。同时，总部还能掌握某一商品在过去一段时间内的销售量，预测将来的销售业绩趋势，并据此调整销售策略。

信息管理系统的应用，使沃尔玛实现了门店、总部、配送中心之间的信息共享，不仅保证了各项业务的顺利开展，也提高了商品流通和顾客管理的效率。

（资料来源：于海燕，《沃尔玛的核心信息管理系统》，《信息与电脑》，2005 年）

信息管理系统在连锁经营的各个环节中发挥了怎样的作用？

一、销售时点系统

销售时点（point of sale，POS）系统是指在销售商品时，利用自动读取设备读取商品销售信息，包括商品名称、单价、销售数量等，通过计算机网络传送至各个部门，并根据不同使用目的对上述信息进行处理、加工的系统。

POS 系统有广义和狭义之分。广义的 POS 系统是指由前台 POS 销售系统和后台管理系统组成的，能够对连锁经营管理实行全方位、多功能管理的信息管理系统。狭义的 POS 系统是指以 POS 销售系统为基础，以销售收款为主要功能的系统。

（一）POS 系统的功能

POS 系统可以在销售商品的同时，采集和储存每一种商品的销售信息，然后通过对销售、库存等信息的处理和加工，为连锁企业的购、销、存提供决策依据。具体而言，POS 系统有以下几个功能。

1. 识别功能

POS 系统的识别功能主要体现在门店收银员的操作上，它能够有效维护门店的资金安全和设备安全。正常情况下，收银员在工作前必须输入正确的账号和密码登录系统，才能进行销售操作。也就是说，只有经过授权的收银员才能进入 POS 系统。

此外，在交接班时，收银员必须退出系统以便让其他收银员登录该终端。收银员如果在操作时需要暂时离开，可以将其设置为"登出或关闭"状态，待返岗时重新登录。

2．销售功能

POS系统能够自动读取商品信息，快速完成商品销售。同时，POS系统还能适应多种销售模式，供收银员根据销售要求灵活选择和变更。

（1）优惠和打折模式。POS系统可以根据门店的活动信息开通折扣或特价许可，对特价商品或特殊交易进行折扣处理。

（2）销售交易更正模式。当销售过程中出现错误时，POS系统可以对其修改或更正，保证销售数据记录的准确性。

（3）退货模式。当顾客退货时，POS系统可以相应地记录和冲销。若退货商品的交易权限不在收银员手中，则管理人员需要登录POS系统完成退货操作。

（4）挂账模式。在交易未结束的状态下，POS系统可以保留当前交易数据，再进行下一笔交易的收银操作。

3．收付款功能

POS系统支持多种收付款方式，包括现金、银行卡、移动支付等，能满足不同顾客的需求。同时，POS系统能够快速、准确地处理收付款请求，自动加计金额，避免出现差错。

4．顾客服务功能

POS系统的顾客服务功能主要体现在以下两个方面。

（1）POS系统可以帮助顾客查询商品，并为其打印单据或购物小票，发现、记录和解决问题，提高顾客满意度。

（2）POS系统可以帮助门店建立会员制度，更好地了解和记录顾客需求，从而为会员顾客提供积分、优惠等个性化服务，提高顾客忠诚度。

5．其他功能

（1）查询功能。POS系统会自动记录销售信息，方便连锁企业查询。查询范围既可以是某时间段内的交易情况，也可以是某一时间点的交易情况。

（2）报表制作功能。根据收集到销售数据，POS系统可以制作一些简单的报表，包括结款表、对账表等。

（3）前台盘点功能。POS系统可以盘点在库或在架商品，清查商品数量。

（4）工作状态检查功能。POS系统通过对员工或设备的各种状态的检查，及时发现员工或设备在工作中出现的异常状况。

经营卡片

POS 支付对消费者的影响

POS 支付在商业企业中的广泛应用，对消费者的消费方式和生活方式产生了很大影响。

POS 支付能够使消费者的资金快捷地抵达对方账户，减少消费者的排队时间，提高支付效率。同时，POS 支付能使消费者免于携带大额现金，在很大程度上降低了现金丢失、被抢或被盗的风险，还避免了商家费时费力地分辨钞票的真伪。此外，使用 POS 支付，消费记录会留存在相关系统中，使交易过程有据可依，以保障消费者的权益。

然而，POS 支付也存在一些潜在的风险，如消费者信息的泄露、商家欺诈行为等。因此，在使用 POS 支付时，消费者应保持警惕并采取必要的安全措施。

（二）POS 系统的作业基础

1. 条形码技术

条形码技术是在计算机应用实践中产生和发展起来的一种自动识别技术，其原理是利用特定的设备识读条形码，再将数据从条形码中提取出来，并传输到计算机中。其中，条形码是由宽度不等的多个黑条和空白，按照一定的编码规则排列组成的图形标识符。连锁企业常用的条形码有商品条形码和物流条形码。

（1）商品条形码。商品条形码是通过一组数字表示商品信息的标识，可以称之为商品的身份证。即使是同一种商品，若产地、口味、成分、包装不同，其条形码也会不同。按照印制来源的不同，商品条形码可分为原印码和店内码两种。原印码是由制造商申请核准的条形码，在商品制造出厂前直接印制在商品包装上；店内码是由连锁企业自行印制的条形码，在商品出售前粘贴在商品包装上。

经营卡片

商品条形码的形式

商品条形码一般由 13 位数字构成（见图 7-1），能够体现出商品的产地、厂家等信息。例如，某规格纸巾的商品条码为 6903244679879。其中，690 表示中国制造；6903244 表示生产商；67987 为该款纸巾的商品项目代码，由厂商自行确定；9 为校验码，用以查验编码的正确性，以防机器发生误读。

图 7-1 条形码及其编码原则

（图片来源：中国物品编码中心）

（2）物流条形码。物流条形码是用于标识物流领域中实物集合的一种特殊代码，广泛应用于商品的出入库、运输保管和分拣环节当中。物流条形码的应用可以提高物流效率，降低物流成本，提高物流信息管理的效率和准确性。

2. 条形码标签打印机

由于原印码在商品中尚未实现全面普及，连锁企业需要使用条形码标签打印机打印店内码，以便更好地实现商品的管理和销售。

按照不同的应用场景和功能特点，条形码标签打印机可分为掌上型、桌上型、"电子秤+条形码标签打印机"等多种类型。其中，前两种适用于打印规格化商品的条形码；第三种多见于超市、便利店等零售企业，常用于生鲜或散装食品。

3. POS 收银系统

POS 收银系统是 POS 系统的核心部分，它通过内部各个硬件设备的相互配合，实现了商品录入、销售、结算的一体化。一般情况下，POS 收银系统由以下几个硬件构成。

（1）条形码扫描器：用于快速读取商品条形码，并将商品信息传输到计算机系统中。条形码扫描器有光笔式、手握式、固定式等不同形式，它们的价格、灵活性和功能各不相同。连锁企业可以根据自身要求和商品的不同特性进行选择。

（2）收银机：用于商品信息的录入、销售结算等，是 POS 收银系统的核心设备。

（3）小票打印机：用于打印销售凭证，如购物小票。

（4）钱箱：用于存取现金，方便收银员收款和找零。

（5）顾客显示屏：用于展示商品的价格信息、促销信息等，保障顾客的消费权益。

经营贴士

连锁企业常用的 POS 收银系统主要有以下两类。

一类是由条形码扫描器和收银机组成的系统，适用于小型门店。在该系统中，收银机兼具收银和储存商品销售数据的功能。

另一类是由条形码扫描器、收银机、主档控制器和后台计算机组成的系统。其中，主档控制器主要负责管理商品档案和库存信息。这是一种先进的 POS 收银系统，能够通过自动化的方式完成商品销售和库存管理，实现商业运营的高效化和智能化，适用于规模较大、收银台较多的大型卖场或门店。

4. 商品主档

商品主档就是在计算机中建立的商品资料档案库，包含了商品的详细信息，如商品名称、条形码、规格、价格、库存量等。

为确保 POS 系统的正常使用，连锁企业在商品销售之前，需要规定好商品主档的格式和内容，并将商品信息输入计算机。只有这样，收银机才能按照既定的内容运行。

需要注意的是，连锁企业应定期维护商品主档，保证商品信息的准确性和时效性。若商品在销售期间遇到变价、淘汰等情况，连锁企业需要及时将这些变动信息传递给商品主档的维护人员，避免出现商品主档和门店销售信息不一致的情况。

（三）POS 系统的作业流程

在使用 POS 系统前，除了建好商品主档，门店还应为商品贴上表示该商品信息的条形码或识别标签。做好相应准备后，POS 系统会按以下流程进行作业。

（1）扫描商品信息。顾客结账时，收银员持条形码扫描器扫描商品。扫描到的商品信息可转换为数字信号，并传输给收银机。

（2）确认销售信息。收银机接收到商品信息后，顾客显示屏会显示商品的名称、数量、售价等。待顾客确认后，与收银机连接的小票打印机会为顾客打印出购买清单和付款总金额。

（3）传输销售信息。顾客付款后，POS 收银系统会将门店的销售时点信息通过在线连接的方式，即时传送给连锁企业的总部或配送中心。

（4）分析销售信息。总部、配送中心和门店都可以对销售时点信息进行分析，以掌握顾客的需求动向，明确畅销商品或滞销商品。

（5）调整作业活动。总部、配送中心和门店以信息分析结果为依据，进行库存调整、配送管理、商品订货和商品陈列等方面的作业。

二、电子订货系统

电子订货系统（electronic ordering system，EOS）是指连锁企业的门店、总部、配送中心与供应商或制造商之间利用通信网络和终端设备，以在线连接的方式进行订货作业与订货信息交换的系统。

（一）EOS 的参与方

在连锁经营下，EOS 的参与方主要包括连锁企业、供应商和物流方等。

1．连锁企业

连锁企业是商品需求者，是订货的发起方。在 EOS 中，连锁企业的采购人员收集并汇总各门店的订货需求后，可以根据商品货源、供货价格、交货期限、供应商的信誉等资料，向指定的供应商下单采购。

2．供应商

供应商收到商品订单后，会根据订单内容和自身的库存状况和商品销售情况，及时安排出货，并将出货信息传递给连锁企业的相关部门，从而完成订货作业。

3．物流方

物流方包括独立的物流承运企业、配送中心等，它们主要提供仓储、配送等物流服务，负责将连锁企业订购的商品运送到目的地，并在整个运输过程中保障商品的安全性和运送的及时性。

经营贴士

除以上参与方外，EOS 还有一个重要组成部分——计算机与网络中心。它虽然不参与交易活动，但它是订货参与者共同的情报中心，主要为订货作业提供传输、核验、保存和查询等服务。若交易活动中出现纠纷，计算机与网络中心所记录的相关单证则可以作为证据。

（二）EOS 的优势

EOS 在连锁经营管理中的优势主要表现在以下几个方面。

1．有利于连锁企业提高服务质量、降低成本

与上门订货、邮寄订货、电话订货等传统的订货方式相比，EOS 可以缩短订货时间和交货期，减少商品订单的出错率，从而降低商品库存，提高商品周转率，并保证店内所陈列商品的新鲜度和时效性。

2．有利于供应商合理配置和调度资源

通过 EOS，供应商可以准确了解市场需求及其变化。此外，通过分析连锁企业的订货信息，供应商能够准确判断商品的畅销程度，从而为其决策提供相应的依据，优化其商品生产和销售计划。

3．有利于物流系统的高效运作

通过 EOS，配送中心或物流企业能够处理多元化、小批量、多批次的商品，降低人

工成本，减少人工差错，满足多样化的运输需求，从而提高物流系统的运作效率。

4．有利于降低各方的沟通成本

EOS 是许多商业企业自动化运作的基础，它的投入和使用能够减少企业间的沟通成本，构建高效的合作模式及和谐的商业关系。

（三）EOS 的作业基础

1．电子订货终端机

电子订货终端机是一种用于记录订货信息的电子设备，通常具有扫描、键入和储存功能。它通过与计算机系统或通信网络的连接，实现订货信息的快速、准确和安全传输。

在使用电子订货终端机时，订货人员需输入或扫描商品条形码，将商品信息添加到订货列表中，并输入订购数量，检查无误后开展后续的订货操作。

2．数据机

数据机是用来传输订货信息的主要通信设备。它通过专有数据线路，确保将连锁企业的订货信息准确、快速地传输给供应商，提高订货效率，降低订货成本。

3．电子订货簿或货架卡

电子订货簿和货架卡的主要功能都是记录和管理商品信息。

（1）电子订货簿是一种电子化的订货信息记录工具，用以记录商品代码或名称、供应商代码或名称、进售价等商品资料，通常以电子表格或数据库的形式存在。利用电子订货簿时，订货人员可根据缺货情况，在电子订货簿中查找商品所在位置，并输入订货数量，然后接上数据机，传输订货信息。

（2）货架卡是一种装设在货架槽上的商品信息记录卡，主要记录商品名称、商品代码、条形码、售价、最高订量、最低订量、厂商名称等。利用货架卡订货时，订货人员需要手持电子订货终端机，一边巡货一边订货，确认订货需求后，再接上数据机将订货信息传输出去。

（四）EOS 的作业流程

1．EOS 的订货作业流程

（1）需求确认。订货人员根据连锁企业需求确定需要采购的商品种类和数量。在这个过程中，订货人员要特别注意是否有未上货架的库存商品需要订货。

（2）电子订货。订货人员使用终端设备输入订货信息，如商品编码、数量、配送地址等。系统会将这些信息进行数据化处理，生成订货单。

（3）订单确认。系统将生成的订货单发送给供应商进行确认。供应商通过系统接收和查看订货单后，进行确认或拒绝操作。

（4）配送发货。供应商确认订货单后，根据订单进行备货、包装和配送。发货后，系统会自动生成发货单，发送给连锁企业。

（5）收货验货。连锁企业收到供应商发来的商品后，进行验货、入库和收货操作，确保商品的质量和数量符合要求后，通过 EOS 确认收货。

（6）付款结算。验收通过后，连锁企业根据约定的付款方式向供应商支付货款，进行结算操作。同时，系统会将付款信息反馈给供应商，完成整个订货流程。

 经营卡片

现代电子订货模式

在现代电子订货模式下，连锁企业会将商品的数量信息输入系统，并在系统内设置最低安全存量。在各门店销售商品时，系统会自动扣减库存量，实时更新，并将销售数据和库存信息传输给供应商。当库存量低于安全存量时，系统会自动打印订货单，并直接传输给供应商。同时，通过实时的数据共享，供应商可以根据各门店的销售情况，灵活决定是否向门店或配送中心发货。

这种自动化的处理方式既减少了人工干预和误差，提高了订货效率和订货准确性，又满足了市场需求，使连锁企业的库存趋于合理。

现代电子订货模式使连锁企业和供应商的合作关系变得更加紧密和高效，实现了协同作业和供应链一体化，为各自的可持续发展提供了有力支持。

2. EOS 的盘点作业流程

根据连锁企业的实际需要，盘点人员可以定期使用 EOS 进行盘点作业，以保证库存的准确性和有效性。

（1）数据采集。盘点人员使用电子订货终端机逐一扫描商品的条形码或货号。数据会实时传输到系统，并自动更新库存记录。

（2）数量清点。盘点人员逐一清点各类商品，并记录实际数量。这一步需要盘点人员保持细心，以防止遗漏或重复计数。

（3）数据录入。盘点人员将实际清点的数量录入系统，并进行核对，以确保录入的数据准确无误。

（4）数据对比，生成报告。录入数据后，系统通过比对和调整会自动生成盘点报告。报告中会显示各类商品的实际数量及其与系统库存的差异等关键信息。

（5）结果分析，调整库存。根据盘点报告，连锁企业可以分析库存状况，如是否存在超储、缺货、过期等问题，然后根据分析结果调整库存，如补充缺货商品、处理过期商品等。

三、管理信息系统

连锁企业的特点决定了其管理信息系统与单店管理信息系统不同。连锁企业的管理信息系统一般搭建在总部、配送中心、门店中，由三者的管理信息系统及其各自的子系统组成，从而形成完整的信息网络，如图7-2所示。

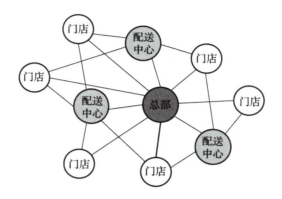

图 7-2　连锁企业管理信息系统的信息网络

（一）总部管理信息系统

总部管理信息系统是用于集中管理连锁企业总部和分支机构的信息系统。总部管理信息系统包括多个功能不同的子系统，以满足不同环节的管理需求。

1. 基础资料管理子系统

基础资料管理子系统主要用于维护和管理连锁企业的基础资料，如组织结构、人员信息、顾客信息、商品资料、供应商资料等。该系统是其他子系统的基础，能够确保连锁企业内部资料和信息的一致性。

一般来说，基础资料的处理是由专人负责的。需要变更资料时，相关责任人应填写变更申请表，待审批通过后交由资料维护专员进行操作，并记录资料变更的事项、时间、操作人等。

2. 进货管理子系统

进货管理子系统主要用于管理与进货相关的业务流程，如采购订单的处理、采购进度的跟踪、入库单的生成等。通过进货管理子系统，连锁企业可以全面监控和管理进货过程，确保进货的及时性和准确性。

3. 库存管理子系统

库存管理子系统主要用于管理库存商品，包括商品的入库、出库、移库、盘点等操作。通过库存管理子系统，连锁企业可以实时掌握库存情况，合理规划和调整库存，避免超储或缺货现象的发生。

4．销售管理子系统

销售管理子系统主要用于管理与销售相关的业务流程，如销售订单的处理、销售进度的跟踪、销售发票的生成等。通过销售管理子系统，连锁企业可以全面监控和管理销售过程。其中，销售价格管理和销售信息管理是销售管理子系统最主要的功能。

（1）销售价格管理。销售管理子系统能够根据商品的供求状况、销售渠道等条件，设定不同的销售价格，并根据实际情况自动调整商品价格。同时，它还支持促销活动的执行，如对特定商品打折等。通过销售价格管理，连锁企业可以更好地控制销售成本和收益，提升企业的盈利能力。

（2）销售信息管理。销售信息管理主要是指获取、了解和处理不同的销售信息，满足总部对各门店的监督与管理需要。销售信息的具体内容包括某一单品或某一类别商品的销售状况（销售数量、金额和利润等），企业内部不同部门或门店的销售状况，不同手段下或不同时期内的销售状况，等等。

5．财务管理子系统

财务管理子系统主要用于管理连锁企业的财务活动，包括商品核算、会计核算、财务管理等。商品核算主要针对商品业务往来涉及的进价成本、实际成本及其变动情况，会计核算主要针对各种应收、应付款和企业的资金往来，财务管理主要包括利润的计算与分配、资金分析、报表分析等。通过财务管理子系统，连锁企业可以获得系统的财务数据，从而全面管理和统筹企业的经营活动。

6．决策支持子系统

决策支持子系统主要用于辅助管理者做决策，其目的是提高连锁企业的管理水平。该系统通过对数据的采集、分析和挖掘，为企业管理者提供决策依据，并提高企业管理的决策效率。

经营贴士

除以上常见的子系统外，连锁企业还可以根据实际需求定制开发其他子系统，增加其他功能模块。通过不同子系统的协同工作，连锁企业可以实现全面、高效的管理和监控，提高运营效率和管理水平。

（二）门店管理信息系统

在使用 POS 系统的基础上，门店管理信息系统可以监控商品管理、顾客管理和销售管理活动，然后将这些信息反馈给总部管理信息系统。门店管理信息系统的管理项目及其内容如表 7-1 所示。

表 7-1　门店管理信息系统的管理项目及其内容

管理项目		内容
系统管理	系统参数设置	设置商品信息、折扣信息、各种计费规则、账单格式等
	数据管理	数据备份、恢复、压缩、清除、导入或导出
	权限设置	设置或修改登录口令，变更监控、操作等权限
	自我修复	实时检测系统的运行情况，及时报警出错位置，并对系统出错的地方进行自我修复
POS 系统管理		实时监控 POS 系统的收款状态，并将收款状况通过图表等方式展现出来
商品管理	补货管理	查询和确认门店的缺货情况，并根据门店的实际情况补货
	到货管理	对门店提出补货申请的商品进行到货处理，包括数量的输入和确认、到货情况的查询等
	在架管理	实时监控和统计在架商品。例如，当商品达到下限时，系统会报警；当商品价格需要调整时，系统会提醒
	盘点管理	针对门店的销售、进出货情况进行各种盘点活动，如输入盘点数量、统计盘点损溢、生成和打印盘点清单等，并在各门店之间调配商品，使各门店的库存趋于合理
会员管理	会员基本信息管理	录入会员的基本信息，如姓名、性别、年龄、联系方式等，并对会员信息进行分类、统计，设置不同的会员等级
	会员消费信息管理	记录会员在门店的消费信息，包括消费日期、商品、数量、金额等
	会员互动与沟通管理	通过短信、邮件等方式向会员发送各类通知和促销信息，增加与会员之间的互动和沟通
货位管理	商品货位维护	分配并记录在架商品货位，以减少布局误差
	货架人员维护	输入和确认每一货架所对应的理货员，明确管理责任
	商品货位统计	对每一货位的商品进行分类或合并统计，生成各种货位信息
销售管理		监控、比较、统计不同时段的销售状况，出具相应的销售报表，包括日报、周报、月报等，并将报表转换成各种形式，如明细、分类、排行等
价签、条形码管理		生成和识别价签或条形码，防止销售混乱现象的发生
数据分析		全面的分析和挖掘门店的经营数据，生成各种报表或图表

（三）配送中心管理信息系统

配送中心管理信息系统是管理配送中心内商品的出入库、保管、组配、加工及配送等活动的系统，一般由以下几个子系统组成。

1. 订单管理子系统

配送中心的运作是以订单为核心展开的。订单管理子系统主要用于管理与订单相关的业务，如入库计划与发货计划的制订等。

2．出入库子系统

出入库子系统主要用于管理商品的入库和出库。

（1）入库管理。出入库子系统支持多种入库方式，如直接入库、退货入库等。在商品入库过程中，出入库子系统会同步发送、确认、记录和反馈商品的检验、分类、编号、贴标等活动信息。同时，出入库子系统还会记录商品的入库时间、数量、质量等信息，以便后续的查询和统计。

（2）出库管理。出入库子系统可根据订单需求，自动生成出库单，并在商品拣选、包装、组配的各个环节中，记录和监管商品的数量、去向、时间等信息，确保商品出库的准确性、完整性和及时性。

3．仓储子系统

仓储子系统主要用于商品的储存和保管。一般情况下，仓储子系统会根据商品特性，合理布局货位，并对商品进行标记、分类和编码，以便后续的出入库操作和管理。同时，该系统还可以全面管理库存商品，包括库存量查询、库存预警、库存调整等功能。通过库存管理，配送中心可以确保商品的合理储存和有效利用，避免商品的积压和损坏。

4．配送管理子系统

配送管理子系统主要负责商品配送的计划、调度、记录和监督等任务，具体包括配送计划制订、配送任务调度、配送装车管理、实时跟踪监控等功能。

（1）配送计划制订。配送管理子系统能根据订单需求、商品数量、运输路线等因素，自动制订合理的配送计划。配送计划的内容一般包括时间、路线、人员、车辆等。

（2）配送任务调度。根据配送计划，配送管理子系统可以将商品自动分配给合适的车辆和人员，不断优化车辆和人员配置，以实现最佳配载，提高配送效率。

（3）配送装车管理。配送管理子系统能根据订单生成商品装车的明细清单，然后传送给相关人员，进行商品装载。

（4）实时跟踪监控。通过 GPS 等技术，配送管理子系统可以实时跟踪、监控商品的运输状态，包括位置、时间、温度等，确保商品安全、及时送达。

5．物流分析子系统

物流分析子系统主要利用地理数据与运筹决策模型来完善物流。该系统不仅能够分析当前的物流状况、测算配送效率，还能够为配送中心的运作提供合理的解决方案，以提高配送中心的物流效率。

6．盘点子系统

盘点子系统可以实时反映库存状态、自动更新库存数据，方便配送中心随时掌握库存情况。此外，该系统还可以根据实际需要，设定定期盘点或随机盘点计划，自动生成盘点清单，并对商品进行盘点。

经营互动

对比连锁企业总部、门店和配送中心的管理信息系统，分析它们的子系统之间有哪些区别和联系。

四、连锁企业信息系统的数智化发展

随着商业活动逐渐活跃和商业体量的不断增大，连锁企业对信息系统的要求越来越高。智能科技的发展，为连锁企业信息系统的数智化发展提供了契机，大大提升了连锁企业的经营效率和商业活力。

（一）收银系统的数智化

收银系统与数字化技术、AI 等先进技术的融合，可以提高连锁企业的收银效率、优化顾客体验、实现门店的精细化管理等。目前，数智化收银系统已广泛应用于无人超市、餐饮连锁、便利商超等业态，其优势主要表现在以下几个方面。

1. 拓宽支付方式

数智化收银系统能够适应多种新兴的购物方式和支付方式，如线上点单、优惠券核销、扫码支付、刷脸支付等，不仅能满足不同顾客的需求，提升其购物体验和满意度，还能加快支付流程，创造更便捷、安全的消费环境。

2. 优化数据管理

数智化收银系统拥有全面的数据管理功能，能够实时监测门店客流、商品销售情况，统计销售额、库存情况、销售变化情况等，帮助管理者更加及时地了解企业的经营状况。同时，数智化收银系统还能生成更详细的销售报表，帮助管理者分析和决策。

3. 提高财务管理水平

数智化收银系统减少了人为操作的空间，并通过设备管理、员工管理等后台功能，保障企业的资金安全，有效提升连锁企业的财务管理水平。

（二）订货系统的数智化

数智化订货系统可以为连锁企业提供更加高效、精准的商品流通路径，提高企业的竞争力和市场地位，其优势主要体现在以下几个方面。

1. 智能预测

通过配备强大的数据分析工具，数智化订货系统可以挖掘和分析历史销售数据，帮助连锁企业掌握市场趋势和顾客需求。同时，数智化订货系统还可以根据季节性波动和价格变动等信息自动预测顾客的潜在需求，为连锁企业提供精确的订货建议。

2. 简化操作

不同行业和规模的企业可以定制自己的数智化订货系统，使其更符合企业的管理要求。同时，数智化订货系统的自动化程度较高，有订单生成、库存预警和交货跟踪等功能。这些功能可以简化订货流程，减少人为错误和时间浪费，提高工作效率。此外，数智化订货系统界面更简单、操作更简便，工作人员能快速上手，从而降低连锁企业的培训成本。

3. 优化库存

数智化订货系统对数据存储和处理能力较高，且可以在云端共享信息。各个参与方通过实时监控库存水平、订单状态及交货进度，可以做出更加准确和及时的决策，减少库存积压和商品供应断档，提高交货效率，降低运营成本。

（三）管理信息系统的数智化

为促进门店转型，管理信息系统开启了全面数智化的进程，其功能模块不断完善，适用场景越来越多。

1. 会员管理数智化

会员管理数智化是商业企业发展的必然趋势。通过实施数智化会员管理，连锁企业可以更好地理解顾客需求，给予顾客良好的消费体验，并利用社交媒体、短信、邮件等方式向顾客推广新品或促销活动，优化营销策略，降低营销成本，从而在激烈的市场竞争中获得更大的优势。例如，在顾客生日、节日等重要的时间节点向顾客发送祝福信息，在商品消耗殆尽前向顾客发送补货提醒，基于顾客喜好向其发送商品推荐方案，等等。

2. 门店监管数智化

连锁企业往往需要通过开展大量的巡查工作保证各门店的服务质量。这一过程需要耗费大量的时间和人力，成本较高。而在数智化背景下，连锁企业可以引入人工远程巡视、AI 自动巡查等技术，实现远程协作和监管，在提高巡查频次的同时，还能降低巡检成本，促使门店运营活动标准化。

此外，数智化技术在智能排班、智能人员管理等环节的应用，也大大提高了连锁企业的管理效率和协作能力，实现了总部对各门店的全面指导和监控。

3. 决策管理数智化

决策管理数智化利用了大数据等技术，通过分析和挖掘海量数据，能为连锁企业提供更加科学、准确、及时的决策支持。决策管理数智化主要表现在以下几个方面。

（1）数据挖掘深入化。在大数据背景下，数智化的决策管理系统能够更加深入地挖掘连锁企业的内外部信息，在经过筛选和整合后，及时排除错误、无效的信息，提升决策的客观性和科学性。

（2）分析手段智能化。通过搭载各种数据分析手段和 AI 技术，数智化的决策管理系统可以发现各种数据背后隐藏的规律和趋势，提高数据的质量和价值，从而提高连锁企业决策的准确性。

（3）呈现方式多样化。区别于以往单一的呈现方式，数智化的决策管理系统能够生成多种形式的图表、动画或模型，提高分析结果的可读性和易懂性，从而更好地为决策者提供参考。

🎓 经营案例

连锁企业信息系统的数智化发展

案例一：汇嘉时代大卖场的收银台改造方案

汇嘉时代大卖场是一家集购物中心、超市于一体的连锁零售企业。多年来，汇嘉时代大卖场的生鲜商品一直采用传统的"内场称重+外场收银"的方式销售。一方面，这种方式导致顾客重复排队的情况比较严重，影响了顾客的购物体验，使顾客满意度大打折扣。另一方面，内场蔬菜、水果、肉类等每个区域都需要配备称重员和称重台，增加了企业的用人成本和设备成本。

为解决这种状况，汇嘉时代大卖场在传统 POS 机上外接通信秤，并安装 AI 识别系统，让称重设备与收银台对接，实现称重、收银一体化，大大减少了顾客因排队时间长而放弃购买造成的商品损失。这样一来，原先陈设称重台的空间可以用来陈列商品，提高坪效；原先的称重员可以调配至其他岗位，提升人效。

案例二：百果园的数智化会员管理

百果园是一家从事高端水果零售批发的连锁企业。2023 年，百果园与第三方科技企业合作，着手打造数智化的会员管理服务系统。

首先，百果园选取某地区为试点城市，通过大数据建模，验证不同顾客前后消费的一致性，并根据顾客的消费能力划分等级。然后，百果园的会员管理服务系统自动针对不同等级顾客推送不同门槛与力度的优惠活动，并分析顾客在不同活动中的购买行为。经过分析，百果园洞察到许多顾客行为特征。例如，优惠券比折扣力度的吸引力更强，新客更适合简单直接的营销手段，参与积分活动的顾客和百果园的互动更频繁、顾客价值更高，等等。

数智化会员管理系统为百果园后续制定合理、高效、性价比最优的新客复购转化策略提供了可靠的数据和理论依据，真正告别了"拍脑袋"决策的现象，把顾客运营做成了数智化的系统工程。

案例三：物美门店管理系统的数字化变革

物美是一家大型连锁商业企业，其各个门店的店长每天都需要完成数十项巡检任务，并将巡检记录拍照发到工作群里。每天上万条的巡检信息，使总部不得不安排专门的督导组进行人工判读、线下抽检，这使得门店管理耗时费力、效率低下。为解决这一问题，物美开启了门店管理系统的数字化变革。

经过改进，每天早上 7 点，门店管理系统会准时发送巡检通知，通知店长填报任务要点。店长填报信息后，系统会自动将其汇聚在一张多维表格中，方便总部相关人员一次性查看门店的全部动态。如有门店超时未完成任务，系统会自动发通知提醒店长跟进。这种方式不仅释放了总部的管理精力，也实现了巡检进度的精细化管理。此外，改进后的系统还可以按照总部关注的维度设置数据看板，实时更新所有数据，并自动生成所需报表，帮助整个集团降本、提效、合规。

（资料来源：中国连锁经营协会，《2023 零售数字化创新案例集》，
中国连锁经营协会官网，2023 年 8 月 2 日）

任务考核

一、不定项选择题

1. 销售时点系统的简称是（   ）。
   A．EOS
   B．POS 系统
   C．MIS
   D．EDI 系统

2. 连锁企业的管理信息系统包括（   ）。
   A．总部管理信息系统
   B．配送中心管理信息系统
   C．门店管理信息系统
   D．中央管理信息系统

3. 商品条形码通常由（   ）位数字构成。
   A．11
   B．12
   C．13
   D．14

4. EOS 的作业基础有（   ）。
   A．商品主档
   B．数据机
   C．电子订货簿或货架卡
   D．条形码标签打印机

5. 总部管理信息系统包括（   ）。
   A．财务管理子系统
   B．POS 系统
   C．物流分析子系统
   D．决策支持子系统

二、案例分析题

请阅读以下案例，并回答问题。

小李是一家连锁企业的实习生，他在学习使用各类信息管理系统时遇到了一些问题，并将这些问题记录了下来，准备寻求帮助。

问题一：我打开了供应商资料维护页面（见图 7-3）准备进行相关操作，发现自己没

有操作权限。

问题二：我在门店学习使用 POS 系统，当一位购买散装菠菜的顾客准备结账时，由于无法读取该商品的信息，我无法结账。

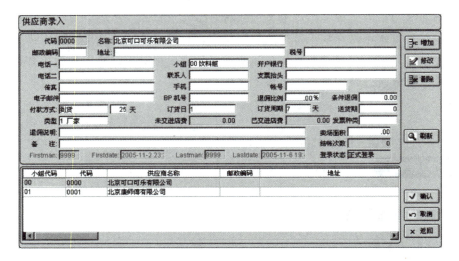

图 7-3 供应商资料维护页面

（图片来源：寇长华、曾琢，《连锁企业的信息管理系统：含卖场管理信息系统实训参考图解手册》，科学出版社，2012 年）

（1）请结合案例和所学知识，判断图 7-3 所示的供应商资料维护页面属于哪种信息管理系统。小李应该如何做？

（2）小李该如何为该顾客结账？请简要说明结账操作流程。

项目实训

 任务描述

全班学生以小组为单位，选择一家连锁企业，收集该企业信息管理工作和信息系统的相关资料，然后结合所学知识完成以下任务。

（1）采访企业员工，了解该企业主要的信息管理系统及其使用方法。

燕京啤酒主要的
信息管理系统

（2）根据采访内容，分析该企业信息管理中的优势和不足，并提出相应的改进建议。

（3）以连锁企业信息管理为主题，结合采访资料和分析，各小组成员撰写一篇不少于 1 000 字的论文。

 任务目标

（1）结合实际生活，掌握信息管理的工作方法。

（2）提高与人交际、获取他人帮助的本领。

（3）提高写作能力，培养逻辑思维。

 任务分组

全班学生以 5～7 人为一组，每组选出 1 名组长。组长与组员共同进行任务分工，并将小组成员和分工情况填入表 7-2 中。

表 7-2　小组成员和分工情况

班级		组号		指导教师	
小组成员	姓名	学号		任务分工	
组长					
组员					

 任务实施

将实训任务的具体完成情况记录在表 7-3 中。

表 7-3　实训过程记录表

负责人、时间、任务分配	实施步骤
	1. 所选企业和受访人的基本信息 企业名称＿＿＿＿＿＿＿＿＿＿＿＿＿＿＿ 受访人姓名＿＿＿＿＿＿＿＿＿＿＿＿＿＿ 受访人职位＿＿＿＿＿＿＿＿＿＿＿＿＿＿

续表

负责人、时间、任务分配	实施步骤
	2．列举所需要的知识点
	3．设计采访计划和提纲（包括采访方式、采访时间、采访顺序和主要内容等）
	4．记录采访过程中的要点和主要内容
	5．根据采访内容分析该企业信息管理系统或信息管理工作的情况
	6．为该企业的信息管理提出相应的改进建议
	7．各小组成员自选角度，按要求完成论文，并在小组内部传阅。组内成员互相提出修改建议
	8．提交论文，并评选优秀论文
	9．在班级内展示优秀论文，学生互相交流采访和写作经验
	10．记录实训中的心得体会或遇到的问题

学习成果评价

教师根据学生的课堂表现、实训过程表现和作业完成情况对学生进行评价，学生在教师指导下进行组内互评，师生共同填写学习成果评价表（见表7-4）。

表 7-4 学习成果评价表

班级		组号		日期	
姓名		学号		指导教师	
学习成果					

评价维度	评价指标	评价标准	分值	评价分数	
				互评	师评
知识评价	理解知识	熟悉连锁经营信息的特征，了解信息管理的过程	5		
		熟悉连锁企业信息管理系统的组成和工作原理	5		
	应用知识	能够运用所学知识，进行简单的系统操作，解决经营业务中出现的问题	10		
能力评价	与人交际能力	能够寻求他人帮助，有效进行沟通并获取有价值的信息	10		
	团队合作能力	能够配合团队其他人，进行有效的分工与合作	10		
	创新实践能力	能够分析实际生活中的问题，并提出解决问题的新方法	10		
素养评价	学习态度	能够积极参与课堂讨论，独立、按时完成任务考核与实训作业	5		
		能够投入时间和精力来学习，并享受学习过程	5		
	心理素质	能够正确面对他人批评，并保持良好的情绪，迎难而上，持之以恒	10		
	反思意识	能够对自身的学习状态和成效进行审视和反思，并及时总结经验，调整学习策略	10		
成果评价	采访调研	采访内容具有针对性，角度新颖，内容充实	10		
	论文	语言通顺，逻辑清晰，重点突出，详略得当	10		
合计			100		
总评	互评（30%）+师评（70%）=			教师（签名）：	

参考文献

[1] 童宏祥，王晓艳. 连锁经营管理实务［M］. 3 版. 上海：上海财经大学出版社，2021.

[2] 王吉方. 连锁经营管理：理论·实务·案例［M］. 5 版. 北京：首都经济贸易大学出版社，2021.

[3] 窦志铭，杨叶飞. 连锁经营管理理论与实务［M］. 5 版. 北京：中国人民大学出版社，2023.

[4] 汤伟伟. 现代连锁经营与管理［M］. 3 版. 北京：清华大学出版社，2020.

[5] 陈玲. 连锁经营管理原理与实务［M］. 2 版. 北京：清华大学出版社，2021.

[6] 肖怡. 企业连锁经营与管理［M］. 6 版. 大连：东北财经大学出版社，2022.

[7] 李新剑. 连锁经营管理实务［M］. 北京：中国人民大学出版社，2018.

[8] 翟金芝. 连锁企业门店开发与设计［M］. 北京：北京理工大学出版社，2019.

[9] 寇长华，曾琢. 连锁企业信息管理系统：含卖场管理信息系统实训参考图解手册［M］. 2 版. 北京：科学出版社，2012.